CÓMO DEJAR DE PENSAR DEMASIADO

APRENDE A RELACIONARTE MEJOR CON TU MENTE, REDUCIR LA ANSIEDAD Y VIVIR CON MÁS CALMA SIN INTENTAR CONTROLARLO TODO

CHRISTINA ARDIANI

EDICIONES ARDIANI

ÍNDICE

Introducción	v
1. La Trampa del Pensamiento Infinito	1
2. Reconoce tu patrón	16
3. Corta el bucle	29
4. Reentrena tu mente	43
5. Tu cuerpo también piensa	58
6. Las reglas invisibles que alimentan el bucle	72
7. Decide y actúa sin certeza total	87
8. Diseña una vida con menos ruido	101
9. Conclusión: Tu mente puede ser tu aliada	115

Cómo dejar de pensar demasiado

© 2026 Christina Ardiani

Todos los derechos reservados.

Ninguna parte de este libro puede ser reproducida, distribuida, almacenada o transmitida de ninguna forma ni por ningún medio, ya sea electrónico, mecánico, fotocopia, grabación u otros, sin el permiso previo y por escrito de la autora y del editor, excepto en el caso de citas breves utilizadas en reseñas o comentarios críticos.

Este libro tiene fines exclusivamente informativos y educativos.

El contenido no pretende sustituir el asesoramiento médico, psicológico o terapéutico profesional. Si el lector experimenta ansiedad severa, depresión u otros problemas de salud mental, se recomienda buscar la ayuda de un profesional cualificado.

La autora y el editor no asumen responsabilidad alguna por el uso indebido de la información contenida en este libro.

Publicado por:

Ediciones Ardiani

Autora:

Christina Ardiani

INTRODUCCIÓN

SON LAS 3:17 DE LA MADRUGADA

Son las 3:17 de la madrugada y tu mente está despierta. Completamente despierta. Aunque tu cuerpo está agotado, tu cerebro ha decidido que ahora es el momento perfecto para repasar esa conversación del martes. La que ya repasaste cuatro veces durante el día. La que analizaste en la ducha, en el tráfico, mientras preparabas la cena.

"¿Por qué dije eso? ¿Lo tomó mal? ¿Debería enviar un mensaje aclarando? No, sería raro. O tal vez debería. ¿Y si piensa que soy...?"

Y ahí vas otra vez. El mismo bucle. Las mismas preguntas sin respuesta. Tu mente girando y girando sobre algo que ya pasó, que no puedes cambiar, que probablemente la otra persona ni recuerda.

O quizás no es una conversación. Es esa decisión que tienes que tomar. La que has analizado desde todos los ángulos posibles. Has hecho listas de pros y contras. Has consultado opiniones. Has investigado hasta el agotamiento. Y sigues sin decidir. Porque cada vez que te acercas a una conclusión, tu mente encuentra una nueva variable, un nuevo "¿y si...?", una nueva razón para dudar.

O tal vez es el futuro. Ese evento que viene en dos semanas, o dos meses, o dos años. Tu mente ya está ahí, anticipando cada posible problema, cada escenario catastrófico, cada cosa que podría salir mal. Aunque racionalmente sabes que la mayoría de esas cosas nunca pasarán, no puedes dejar de pensarlas. Una y otra vez.

Y lo peor es que mientras tu mente hace esto, una parte de ti lo observa con frustración. "¿Por qué no puedo simplemente dejarlo ir? ¿Por qué sigo dándole vueltas a esto? ¿Qué me pasa?"

Si alguna de estas escenas te suena familiar, este libro es para ti. No porque estés roto. Sino porque tienes una mente activa que aprendió a hacer algo que ya no te sirve: pensar demasiado.

QUÉ ES REALMENTE EL OVERTHINKING

Pensamos todo el tiempo. Es lo que hacen las mentes humanas. Pero hay una diferencia crucial entre pensar útilmente y pensar excesivamente.

Pensar útilmente es cuando tu mente procesa información para llegar a una conclusión o acción. Analizas una situación, consideras opciones, tomas una decisión, actúas. El pensamiento tiene dirección. Tiene propósito. Y eventualmente, tiene resolución.

El overthinking es diferente. Es circular, no lineal. Das vueltas sobre lo mismo sin avanzar. Analizas sin concluir. Te preocupas sin resolver. Es pensamiento que se desconectó de la acción útil y se convirtió en un fin en sí mismo.

Hay dos formas principales en que se manifiesta:

Rumiación: Pensamiento repetitivo sobre el pasado. "¿Por qué hice eso? ¿Qué debería haber dicho? ¿Cómo me vieron? ¿Qué significa lo que pasó?" Tu mente mastica y remastica eventos que ya ocurrieron, buscando comprensión, validación o certeza que el pasado ya no puede darte.

Preocupación crónica: Pensamiento repetitivo sobre el futuro. "¿Y si sale mal? ¿Qué haré entonces? ¿Y si no puedo manejarlo? ¿Y si...?" Tu mente intenta resolver problemas que aún no existen, controlar resultados que no puedes garantizar, eliminar incertidumbre de situaciones inherentemente inciertas.

Ambas formas comparten características: son involuntarias, repetitivas, difíciles de detener y agotadoras. Y ambas tienen la misma promesa engañosa: "Si piensas lo suficiente sobre esto, encontrarás la respuesta. Te sentirás mejor. Tendrás control."

Pero no funciona así. Porque el overthinking no busca soluciones. Busca certeza. Y la certeza absoluta sobre el pasado, sobre lo que otros piensan, sobre cómo resultará el futuro, simplemente no existe.

Entonces tu mente sigue buscando. Y buscando. Y buscando.

Eso es el overthinking: pensamiento que promete alivio pero solo entrega más ansiedad, más agotamiento, más estancamiento. Es tu cerebro atrapado en un modo de resolución de problemas cuando el problema no puede resolverse pensando más.

POR QUÉ INTENTAR "PENSAR MEJOR" NO FUNCIONA

Cuando te das cuenta de que piensas demasiado, la respuesta intuitiva es intentar pensar mejor. Ser más racional. Analizar de forma más efectiva. Pensar hasta encontrar "la respuesta correcta".

Esto parece lógico. El problema es que el overthinking no es un problema de pensamiento ineficiente. Es un problema de control y certeza.

Funciona así: enfrentas una situación incierta o incómoda. Tu cerebro, diseñado para detectar amenazas y buscar seguridad, interpreta esa incertidumbre como problema que debe resolverse. Entonces empieza a pensar. Y pensar. Buscando la solución que te dará certeza y control.

Pero muchas situaciones de la vida no tienen respuestas absolutas. No puedes saber con certeza qué piensa alguien. No puedes predecir exactamente cómo resultará una decisión. No puedes controlar completamente cómo te verán otros. No puedes eliminar toda posibilidad de error.

Entonces tu mente encuentra una solución diferente: si no puedo resolver el problema pensando, pensaré más. Analizaré desde otro ángulo. Consideraré una variable más. Buscaré más información.

Y ahí queda atrapada. Porque siempre hay otro ángulo, otra variable, otra pieza de información. La búsqueda de certeza absoluta no tiene fin. Entonces el pensamiento tampoco.

Esto crea un bucle: piensas para sentirte mejor, pero pensar más solo genera más preguntas, lo cual genera más ansiedad, lo cual te hace pensar más, lo cual... ves el patrón.

Intentar "pensar mejor" sobre algo que ya estás pensando excesivamente es como intentar apagar un incendio con combustible. Puede parecer que estás haciendo algo productivo, pero en realidad estás alimentando el problema.

El overthinking no se resuelve con más pensamiento. Se resuelve cambiando tu relación con el pensamiento mismo.

EL COSTO REAL DE PENSAR DEMASIADO

El overthinking no es solo molesto. Tiene costos reales y medibles en tu vida.

Energía mental agotada: Tu cerebro consume aproximadamente el 20% de la energía de tu cuerpo. Cuando está en modo overthinking constante, esa demanda aumenta. Al final del día, no estás cansado porque hiciste mucho. Estás exhausto porque tu mente trabajó sin parar en bucles que no llevaron a ningún lado. Es agotamiento sin productividad.

Sueño deteriorado: El overthinking nocturno no solo te roba horas de sueño. Fragmenta el descanso que logras tener. Tu mente no descansa completamente. Y el sueño pobre retroalimenta el overthinking: cuando estás fatigado, tu capacidad de regular pensamientos disminuye, entonces piensas más, duermes peor, y el ciclo se profundiza.

Parálisis decisoria: Cuando analizas excesivamente, las decisiones simples se vuelven abrumadoras. Cada opción tiene infinitos pros y contras. Cada elección podría ser "la equivocada". Entonces pospones, evitas o te quedas atrapado en indecisión crónica. Oportunidades pasan. El tiempo avanza. Pero tú sigues analizando.

Relaciones tensas: El overthinking afecta cómo te relacionas. Sobreanalizas interacciones. Lees demasiado en comentarios casuales. Anticipas conflictos que no existen. O peor, estás físicamente presente pero mentalmente ausente, atrapado en tu cabeza mientras alguien te habla. Las personas cercanas lo notan. Y la distancia crece.

Ansiedad sostenida: El overthinking mantiene tu sistema nervioso en alerta. Aunque no haya amenaza real, tu cuerpo responde como si la hubiera. Tensión muscular. Respiración superficial. Corazón acelerado. Estrés crónico. Tu cuerpo paga el precio de una mente que no descansa.

Pérdida del presente: Mientras tu mente está en el pasado o el futuro, el presente pasa desapercibido. No saboreas tu comida. No disfrutas conversaciones. No notas momentos simples de belleza o conexión. Tu vida sucede, pero tú no estás completamente en ella.

El costo acumulado de todo esto no es trivial. Es calidad de vida. Es bienestar. Es la diferencia entre vivir tu vida y simplemente pensarla.

QUÉ PROPONE ESTE LIBRO

Este libro no te promete una mente silenciosa. No te promete nunca volver a preocuparte o analizar. Eso no es realista ni deseable.

Lo que sí te ofrece es un sistema completo para cambiar tu relación con el pensamiento. Para que tu mente sea tu herramienta, no tu prisión.

El sistema tiene tres capas que trabajan juntas:

Capa 1: Interrupción inmediata

Herramientas rápidas y prácticas para cuando estás en pleno bucle de overthinking y necesitas salir ahora. Técnicas de 2 a 5 minutos que cortan el patrón mental y te devuelven al presente. Estas no resuelven el overthinking a largo plazo, pero te dan alivio inmediato y recuperan tu capacidad de elegir qué hacer después.

Capa 2: Reentrenamiento

Prácticas sostenidas que debilitan los patrones de overthinking a lo largo de semanas y meses. Aquí entrenas tu mente para relacionarse diferente con pensamientos, emociones e incertidumbre. Aprendes a observar sin engancharte, a tolerar sin resolver, a soltar sin analizar. Este es el trabajo profundo que crea cambio duradero.

Capa 3: Diseño de vida

Ajustes en tu estilo de vida que reducen el combustible del overthinking. Cómo estructuras tu día, tus límites digitales, tus rutinas, tu descanso, tus relaciones. Porque puedes tener las mejores técnicas, pero si vives en condiciones que alimentan constantemente tu mente ansiosa, estarás siempre apagando incendios en lugar de prevenirlos.

Las tres capas se complementan. La interrupción te da control inmediato. El reentrenamiento te da capacidad a largo plazo. El diseño de vida te da prevención sostenible.

Este no es un libro de teoría. Es un manual de práctica. Cada capítulo te da comprensión clara del problema y herramientas específicas para trabajar con él. No tendrás que adivinar qué hacer. Lo sabrás.

CÓMO USAR ESTE LIBRO

Este libro está diseñado para leerse de forma secuencial, pero no necesitas hacerlo perfecto.

Lee sin prisa. El overthinking no se resuelve leyendo rápido y aplicando todo de una vez. Lee un capítulo. Deja que las ideas asienten. Prueba las herramientas. Luego continúa. La comprensión profunda lleva tiempo.

Elige lo que resuena contigo. Cada capítulo ofrece múltiples técnicas. No tienes que usar todas. Prueba, experimenta, quédate con las que funcionan para ti. Tu proceso será único. Respétalo.

Practica aunque sea imperfecto. No esperes aplicar todo perfectamente. La práctica imperfecta consistente supera a la perfección inconsistente. Cinco minutos diarios de una técnica valen más que una hora ocasional cuando te acuerdas.

Espera progreso, no perfección. Tendrás días donde el overthinking regresa con fuerza. Eso es normal. No significa que fallaste. El progreso real se ve a lo largo de semanas y meses: bucles menos intensos, recuperación más rápida, momentos más largos de claridad mental.

Regresa cuando necesites. Este libro no es para leer una vez y guardar. Es una herramienta de referencia. Cuando enfrentes momentos difíciles, vuelve al capítulo relevante. Relee. Recuerda. Reaplica.

Y sobre todo, sé compasivo contigo mismo. Cambiaste patrones mentales que llevas años construyendo. Eso no sucede de la noche a la mañana. Dale tiempo. Date gracia.

ESTÁS EN EL LUGAR CORRECTO

Si llegaste a este libro buscando alivio del ruido constante en tu cabeza, estás en el lugar correcto.

No porque esté roto algo en ti. Sino porque tienes una mente activa, analítica, que aprendió a hacer algo que en algún momento pudo haberte protegido, pero ahora solo te agota.

La buena noticia es que lo que se aprendió puede reaprenderse. Los patrones pueden cambiar. Y aunque no puedas controlar cada pensamiento que aparece, puedes cambiar completamente cómo te relacionas con ellos.

Este libro es tu mapa para ese cambio. No promete camino fácil o rápido. Promete camino real. Basado en comprensión sólida de cómo funciona tu mente y herramientas que realmente funcionan cuando las practicas.

El overthinking te ha robado suficiente tiempo, energía y paz. Es momento de recuperarlos.

En el Capítulo 1, empezaremos por entender exactamente qué es el overthinking, por qué tu cerebro lo hace y cómo reconocerlo en ti mismo con claridad. Porque no puedes cambiar lo que no puedes ver.

Vamos.

CAPÍTULO 1
LA TRAMPA DEL PENSAMIENTO INFINITO

EL CORREO QUE NUNCA LLEGÓ

Marcos lleva tres días revisando su bandeja de entrada cada media hora. Hace exactamente 72 horas envió una propuesta importante al director de su empresa. Una propuesta en la que trabajó durante semanas. Una propuesta que podría abrir la puerta a un ascenso que lleva meses esperando.

Y el director no ha respondido.

Marcos, coordinador de proyectos de 34 años, conoce bien a su jefe. Normalmente responde rápido. Siempre tiene algo que decir. Pero esta vez, silencio absoluto. El correo tiene el temido "leído" desde hace dos días.

La mente de Marcos no ha dejado de trabajar desde entonces. A las 2 de la madrugada del primer día, se despertó con un pensamiento: "¿Y si el tono del correo fue demasiado informal?" Sacó su teléfono y releyó el mensaje por décima vez. Cada palabra se sentía ahora equivocada. "¿Por qué puse ese emoji al final? ¿Parezco poco profesional? ¿Debí ser más directo en el tercer párrafo?"

Durante el desayuno del segundo día, mientras su hija de 5 años le contaba algo sobre su clase, Marcos asentía sin escuchar. Su mente estaba en otro lugar: "Quizás la propuesta es mala. Tal vez ni siquiera vale la pena responderla. ¿Y si está considerando a otra persona para el puesto? ¿Y si esto arruina mi relación con él?"

En la oficina, sus colegas notaron que estaba distante. Una compañera le preguntó si se sentía bien. Marcos contestó que sí, pero por dentro estaba repasando cada interacción reciente con el director, buscando señales de descontento que hubiera pasado por alto. "El martes en la reunión, ¿su tono fue frío? ¿O solo estoy imaginándolo? ¿Dije algo que lo molestó?"

Por la noche, su esposa intentó hablar con él sobre los planes del fin de semana. Marcos explotó por algo insignificante. Luego se sintió culpable y se disculpó, pero tampoco pudo explicar qué le pasaba realmente. Volvió a revisar su correo. Nada. Y el ciclo continuó.

La mañana del cuarto día, su teléfono vibró. Un correo del director. Marcos sintió un vuelco en el estómago. Lo abrió con manos temblorosas.

"Marcos, excelente propuesta. Disculpa la demora, estuve fuera de la ciudad en conferencia sin mucho acceso a correos. La propuesta está aprobada. Hablemos esta semana de los siguientes pasos. Buen trabajo."

Marcos soltó el aire que no sabía que estaba conteniendo. Sintió alivio. Pero también algo más: una punzada de absurdo. Había pasado tres días en un infierno mental completamente autoinfligido. El director simplemente había estado de viaje. No hubo ningún problema. Nunca lo hubo.

Sin embargo, el verdadero problema sí existía. Y no era el correo sin respuesta. Era lo que su mente hizo con esa incertidumbre. Esa es la trampa del pensamiento infinito.

PENSAR NO ES EL PROBLEMA

Antes de continuar, necesitamos aclarar algo esencial: pensar no es tu enemigo. El pensamiento es una de las capacidades más valiosas que tenemos como seres humanos. Nos permite planificar, crear, resolver problemas, aprender de experiencias y tomar decisiones informadas. Sin la capacidad de pensar profundamente, no estaríamos leyendo este libro.

El problema no es pensar. El problema es un tipo específico de pensamiento que se ha salido de control. Para entenderlo, necesitas conocer las cuatro modalidades principales en las que opera tu mente.

Las cuatro modalidades del pensamiento

Pensar es un proceso natural y saludable. Es cuando tu mente procesa información, explora ideas, considera opciones y llega a comprensiones nuevas. Es flexible, tiene un propósito claro y te mueve hacia adelante. Cuando piensas de manera saludable, puedes estar preparando una presentación y repasando mentalmente los puntos clave, o reflexionando sobre una conversación para entender mejor la perspectiva de la otra persona. Este tipo de pensamiento es productivo. Tiene dirección. Te deja con mayor claridad.

Preocuparse puede ser útil o excesivo. La preocupación es anticipar problemas potenciales y, en su mejor versión, prepararse para ellos. Una preocupación útil te motiva a estudiar para un examen importante, a revisar tu presupuesto antes de fin de mes, o a llevar a tu hijo al doctor cuando presenta síntomas preocupantes. La preocupación se convierte en problema cuando se vuelve desproporcionada, cuando te enfocas obsesivamente en escenarios catastróficos que son extremadamente improbables, o cuando la preocupación no te lleva a ninguna acción útil. La diferencia entre preocupación útil y excesiva está en la proporción con la realidad y en si conduce o no a pasos concretos.

Rumiar es el verdadero problema. La rumiación es la repetición de pensamientos negativos sobre el pasado o preocupaciones sobre el futuro, sin buscar activamente una solución. Es dar vueltas y vueltas sobre el mismo tema sin avanzar ni un milímetro. La rumiación tiene características muy específicas: es repetitiva e incesante (los mismos pensamientos una y otra vez), está orientada al problema sin buscar solución (te enfocas en lo malo sin explorar salidas), es rígida (tu mente se queda atascada en una sola perspectiva), genera malestar creciente (cuanto más rumias, peor te sientes), y no conduce a ninguna acción concreta (te paraliza o te hace evitar). Por ejemplo, si cometiste un error en el trabajo hace una semana y sigues reviviendo ese momento una y otra vez, sintiéndote mal pero sin hacer nada diferente, estás rumiando.

Resolver problemas es pensamiento efectivo. Este es el tipo de pensamiento que todos necesitamos cultivar. Es análisis estructurado con un objetivo claro de llegar a una decisión o acción. Tiene un inicio, un proceso y un cierre. Cuando resuelves problemas de manera efectiva, analizas la situación, consideras opciones, evalúas consecuencias, tomas una decisión y pasas a la acción. Por ejemplo, si cometiste un error en el trabajo, resolver el problema sería: identificar qué salió mal, aprender de ello, implementar un cambio para evitarlo en el futuro, y seguir adelante. Hay movimiento. Hay conclusión. Hay paz.

Cuando el análisis se convierte en prisión

El overthinking es la combinación tóxica de rumiar y preocuparse excesivamente. No es una señal de inteligencia ni de ser cuidadoso ni responsable. Es un patrón mental atascado, como una rueda de hámster que gira sin parar pero nunca llega a ningún lado.

Piénsalo con esta analogía: imagina que necesitas llegar a un lugar específico. Pensar saludablemente es estudiar el mapa, elegir una ruta y empezar a caminar. Resolver problemas es ajustar tu ruta si encuentras un obstáculo. Preocuparte útilmente es revisar que tienes combustible suficiente antes de partir. Pero rumiar es caminar en círculos alrededor del mismo punto, repitiéndote "¿qué camino tomo?", sin nunca dar un paso en ninguna dirección.

La diferencia fundamental está en una pregunta simple: ¿Este pensamiento me está llevando a algún lado o solo me está agotando?

Si has estado pensando en algo durante horas, días o semanas, y no has llegado a ninguna conclusión nueva, no has tomado ninguna acción diferente, y cada vez que vuelves al pensamiento te sientes peor, no estás pensando productivamente. Estás atrapado en overthinking.

Y el problema no es tu mente. El problema es la relación que tienes con tus pensamientos.

LA ILUSIÓN DEL CONTROL

Hay una creencia central que alimenta el overthinking. Es tan profunda que probablemente no eres consciente de ella. Pero está ahí, operando en segundo plano cada vez que tu mente se engancha en un bucle. La creencia es esta:

"Si analizo lo suficiente, si considero todas las variables, si anticipo todos los escenarios posibles, entonces podré controlar el resultado y evitar el sufrimiento."

Esta creencia parece razonable. Incluso parece prudente. Pero es una trampa. Y es la razón por la cual pensar más no te da más paz.

Por qué pensar más no te da más certeza

Primero, porque la certeza absoluta no existe. La vida es inherentemente incierta. Siempre habrá variables que no puedes controlar, información que no tienes, factores que no puedes prever. Ninguna cantidad de análisis puede eliminar completamente el riesgo o garantizar un resultado específico. Buscar certeza total es como intentar atrapar el horizonte, cuanto más caminas hacia él, más se aleja. La búsqueda de certeza absoluta es, por definición, una búsqueda infinita.

Segundo, porque más información no equivale a mejores decisiones. Los estudios sobre toma de decisiones han demostrado algo contraintuitivo: después de cierto punto, tener más datos solo genera confusión y parálisis. Hay un momento óptimo donde tienes suficiente información para decidir con confianza. Pasado ese punto, cada dato adicional te hace dudar más, no menos. Las mejores decisiones combinan análisis razonable con intuición y, sobre todo, con acción. La perfección no existe, pero la acción imperfecta es infinitamente mejor que la inacción perfectamente analizada.

Tercero, porque el pensamiento no puede cambiar el pasado ni garantizar el futuro. Puedes rumiar durante meses sobre un error que cometiste, pero ninguna cantidad de análisis mental va a borrarlo. Puedes anticipar mil escenarios catastróficos sobre el futuro, pero eso no los previene. Lo único que el pensamiento excesivo logra es robarte el presente, que es el único momento donde realmente tienes poder para actuar.

La paradoja del overthinking

Aquí está la ironía cruel: cuanto más intentas controlar tus pensamientos pensando más, menos control tienes. El overthinking no te da poder, te lo quita. Te controla a ti.

Es como si tuvieras un GPS mental que se ha atascado. En lugar de darte indicaciones claras, se queda recalculando infinitamente la ruta. "Recalculando... recalculando... recalculando..." Mientras tanto, sigues detenido en el mismo lugar, el motor encendido, consumiendo combustible, yendo a ningún lado. El GPS roto no te ayuda a llegar a tu destino. Solo te mantiene inmóvil, frustrado y exhausto.

Eso es el overthinking. Un sistema que prometía darte control y certeza, pero que en realidad solo te da ansiedad y parálisis.

La buena noticia es que no estás condenado a vivir con este GPS roto. Puedes aprender a detectar cuándo se ha atascado y a reiniciarlo. Pero primero necesitas entender exactamente cómo funciona el bucle.

ANATOMÍA DE LA TRAMPA

El overthinking no aparece de la nada. Sigue un patrón predecible, un ciclo que se repite una y otra vez. Entender este ciclo es fundamental porque solo puedes interrumpir lo que puedes identificar. Veamos cómo funciona la trampa paso a paso.

El ciclo de la rumiación

Fase 1: El disparador. Todo comienza con un evento, una situación o un estímulo que tu mente interpreta como incierto o ambiguo. Puede ser algo externo, como recibir un mensaje breve de alguien importante, notar un cambio en el comportamiento de tu pareja, escuchar un comentario ambiguo de tu jefe, o ver una noticia preocupante. O puede ser algo interno, como una sensación física inusual en tu cuerpo, un recuerdo que surge de repente, o simplemente una pregunta que aparece en tu mente sin motivo aparente. La característica clave del disparador es la ambigüedad. No es una amenaza clara y presente, es algo incierto que tu mente necesita "resolver".

Fase 2: Intolerancia a la incertidumbre. Tu cerebro detecta esa falta de claridad y activa una respuesta de alarma. Esta es una herencia evolutiva. Nuestros ancestros sobrevivieron precisamente porque sus cerebros eran buenos detectando amenazas potenciales. La ambigüedad significaba peligro posible, y el peligro posible requería atención inmediata. Así que tu sistema nervioso se activa, tu atención se enfoca en el problema, y aparece un mensaje interno urgente: "Esto es importante. Esto podría ser peligroso. Necesito resolverlo ya." El problema es que tu cerebro moderno no distingue bien entre una amenaza real (un auto que viene hacia ti) y una amenaza social o emocional ambigua (un mensaje sin responder).

Fase 3: Intento de control mediante pensamiento. Ahora tu mente entra en modo de solución de problemas. Empiezas a analizar. Buscas explicaciones para la ambigüedad. Imaginas escenarios posibles. Intentas prever consecuencias. Revisas eventos pasados buscando pistas. Todo esto con el objetivo inconsciente de recuperar la sensación de certeza y control. Tu mente piensa: "Si puedo entender esto completamente, si puedo anticipar lo que va a pasar, entonces estaré seguro." Es un intento genuino de protegerte. Pero aquí está el problema: intentas resolver mentalmente algo que no se puede resolver solo con pensamiento. Algunas cosas requieren acción, otras requieren paciencia, y otras requieren aceptación. Pero tu mente sigue intentando encontrar la respuesta perfecta.

Fase 4: Ansiedad creciente. Cuanto más piensas, más cuenta te das de que hay variables que no controlas, información que no tienes, escenarios que no habías considerado. Cada análisis genera nuevas preguntas. Cada escenario imaginado abre la puerta a otros escenarios. Y como tu cerebro tiene sesgo de negatividad (presta más atención a amenazas que a oportunidades), los escenarios negativos se vuelven más vívidos y más numerosos. Tu ansiedad sube. Y la ansiedad creciente intensifica la urgencia de "resolver" el problema, lo cual te hace pensar aún más intensamente. Es como echarle gasolina al fuego.

Fase 5: El bucle se cierra. Eventualmente, vuelves al inicio del ciclo pero con más ansiedad que cuando empezaste. Ninguna de tus conclusiones mentales te ha dado la certeza que buscabas. Así que tu mente decide que necesitas analizar desde otro ángulo. Quizás pasaste por alto algo importante. Quizás hay una perspectiva que no consideraste. Y el ciclo empieza de nuevo. El pensamiento se alimenta a sí mismo. Cada vuelta del ciclo te deja más agotado, más ansioso y más atrapado.

Este es el bucle del overthinking. Y puede durar minutos, horas, días o incluso semanas.

Por qué tu cerebro te hace esto

Entender la mecánica psicológica detrás del overthinking te ayuda a no juzgarte por ello. No es que seas débil o defectuoso. Es que tienes un cerebro humano normal operando en un mundo que lo sobreestimula constantemente.

Los seres humanos tenemos una necesidad psicológica profunda de certeza. Evolutivamente, esto tenía sentido. Certeza significaba seguridad. Saber dónde estaba el agua, conocer los patrones de los depredadores, tener claridad sobre tu posición en la tribu, todo eso aumentaba tus probabilidades de supervivencia. La ambigüedad era peligrosa. Así que desarrollamos cerebros que buscan patrones, que intentan predecir, que se sienten incómodos con lo desconocido.

El problema es que el mundo moderno está lleno de ambigüedades que no son amenazas reales. Un mensaje de WhatsApp con solo un "ok" no es un depredador. Una presentación de trabajo que salió bien pero no perfecta no es una amenaza existencial. Pero tu cerebro los trata como si lo fueran.

Además, tu atención funciona como un foco de luz. Ilumina aquello en lo que te enfocas, pero deja el resto en la oscuridad. Cuando tu atención está secuestrada por un bucle de pensamiento repetitivo, toda tu experiencia se reduce a ese pensamiento. El resto de tu vida, las cosas buenas que están pasando, las personas que te rodean, las oportunidades presentes, todo queda en penumbra. No es que esas cosas no existan, es que tu foco está apuntando a otro lado.

Los sesgos cognitivos también alimentan el fuego. El sesgo de negatividad hace que tu cerebro priorice y recuerde más intensamente las experiencias negativas que las positivas. Un solo comentario crítico puede eclipsar diez elogios. El sesgo de confirmación te hace buscar evidencia que confirme lo que ya temes. Si crees que vas a fracasar, tu mente encontrará cada pequeña señal que apoye esa creencia e ignorará las que la contradigan.

La investigación en neurociencia sugiere que cuando nuestra mente no está enfocada en una tarea específica, tiende a activar lo que algunos científicos llaman la red de modo por defecto. Esta red cerebral está involucrada en pensar sobre nosotros mismos, recordar el pasado y planificar el futuro. Puede ser útil para la introspección, pero también puede convertirse en el escenario donde se desarrolla la rumiación si no está regulada. Es importante aclarar que esto no significa que tu cerebro esté dañado o que seas diferente a los demás. Simplemente significa que hay patrones de actividad mental que se han vuelto habituales, y que con práctica y herramientas adecuadas, pueden modificarse.

DETECTOR DE RUMIACIÓN: 5 SEÑALES DE ALERTA

El problema con el overthinking es que a veces es difícil distinguir cuándo has cruzado la línea de pensar productivamente a rumiar destructivamente. Mientras estás en el bucle, todo se siente importante y urgente. Por eso necesitas un detector de rumiación, una serie de señales de alerta que puedas consultar en tiempo real.

Si detectas dos o más de estas señales, es muy probable que estés rumiando, no resolviendo.

Señal 1: Repetición sin novedad. Hazte estas preguntas: ¿Ya he pensado esto antes? ¿Estoy llegando a ideas nuevas o solo estoy dando vueltas sobre lo mismo? Si llevas media hora, una hora o varios días pensando en algo y sigues regresando a los mismos pensamientos sin ninguna comprensión nueva, sin ningún paso de acción diferente, es rumiación. La reflexión productiva genera insights. La rumiación solo genera cansancio.

Señal 2: Sensación de agotamiento mental. Pregúntate: ¿Este pensamiento me da energía o me la quita? El pensamiento productivo, incluso cuando trata temas difíciles, suele dejarte con sensación de claridad y, en cierto modo, de energía. Sabes qué hacer a continuación. Te sientes más preparado. La rumiación, en cambio, es agotadora. Es como correr en una caminadora sin parar. Usas mucha energía pero no llegas a ningún lado. Si sientes que tu mente está exhausta pero no has resuelto nada, es rumiación.

Señal 3: Ausencia de acción concreta. Hazte esta pregunta: ¿Este pensamiento me lleva a hacer algo específico? Si llevas veinte minutos pensando en un problema y no puedes identificar ni un solo paso concreto que podrías tomar, estás rumiando. La reflexión productiva siempre termina en alguna forma de acción, aunque sea pequeña: hacer una llamada, escribir un correo, tener una conversación, ajustar un plan, o incluso decidir conscientemente no hacer nada porque no es el momento adecuado. Pero hay movimiento. La rumiación no lleva a ningún lado.

Señal 4: Emoción creciente. Pregunta: ¿Cuanto más pienso en esto, peor me siento? La reflexión productiva puede generar incomodidad inicial, es verdad. Nadie disfruta enfrentar errores o problemas difíciles. Pero después de esa incomodidad inicial, suele haber una sensación de alivio o claridad. En contraste, la rumiación intensifica el malestar sin ofrecer ninguna resolución. La ansiedad crece, o la culpa se profundiza, o la tristeza se vuelve más pesada, pero no hay nada que equilibre esa emoción negativa. Solo hay más y más de lo mismo.

Señal 5: Hora del día o situación. Pregúntate: ¿Son las 3 de la madrugada? ¿Estoy en la ducha? ¿Acabo de despertar? Los momentos donde nuestra mente está ociosa, donde no tenemos tareas que nos mantengan enfocados, son zonas calientes para la rumiación. Si tu mente tiende a acelerarse en ciertos momentos del día (como al acostarte, en la ducha, o al manejar), eso es una señal de que probablemente estás rumiando, no resolviendo problemas urgentes.

Protocolo rápido de 30 segundos

Cuando detectes dos o más de estas señales, usa este protocolo:

Primero, pausa. Respira hondo una vez. Segundo, di mentalmente o en voz baja: "Estoy rumiando, no estoy resolviendo." Nombrar lo que está pasando te da perspectiva. Tercero, pregúntate: "¿Puedo hacer algo concreto ahora mismo sobre esto?" Si la respuesta es sí, hazlo inmediatamente o agéndalo para un momento específico. Luego suelta el pensamiento. Si la respuesta es no, reconoce que no puedes resolver esto pensando más, y aplica una técnica de interrupción (aprenderás varias en los ejercicios de este capítulo y en el próximo).

Este detector no elimina el overthinking, pero te da poder de elección. Ya no eres víctima pasiva de tus pensamientos. Eres un observador consciente que puede decidir qué hacer a continuación.

DOS HISTORIAS, DOS BUCLES

Para que todo esto sea más concreto, veamos dos ejemplos de cómo el overthinking se manifiesta en situaciones cotidianas. Fíjate en cómo el bucle opera de manera similar en contextos diferentes, y en cómo el problema real nunca fue la situación externa, sino lo que la mente hizo después.

El bucle laboral de Sofía

Sofía es gerente de ventas en una empresa de tecnología. Lleva dos años en el puesto y generalmente se siente segura de su trabajo. Pero hace una semana presentó los resultados trimestrales a su jefe y al equipo directivo. La presentación fue sólida, los números eran buenos, y ella se sintió preparada.

Al terminar, su jefe simplemente dijo: "Interesante enfoque." Y nada más. No hubo el usual "buen trabajo" o "excelente análisis." Solo esas dos palabras: "Interesante enfoque."

Sofía sonrió, agradeció y se fue. Pero desde ese momento, su mente no ha parado. "¿Qué quiso decir con 'interesante'? ¿Fue un elogio o una crítica velada? ¿Cree que mi enfoque fue erróneo? ¿Está considerando cambiar mi estrategia?" Esa noche, repasó mentalmente cada diapositiva de la presentación. "¿La tercera diapositiva fue confusa? ¿Debí incluir más datos comparativos? ¿Fui demasiado breve?"

Al día siguiente en la oficina, analizó cada interacción con su jefe. "Su tono fue neutral. ¿Eso es malo? Normalmente es más expresivo. ¿Está decepcionado?" Empezó a comparar su presentación con las de sus colegas en el pasado. "Cuando Juan presentó el año pasado, el jefe dijo que era brillante. Yo solo recibí 'interesante.' Claramente mi trabajo no fue tan bueno."

Para el tercer día, Sofía estaba imaginando escenarios catastróficos. "¿Y si me relevan del proyecto? ¿Y si traen a alguien más para supervisarme? ¿Y si esto afecta mi evaluación anual?" No podía concentrarse en sus tareas actuales. Cada correo de su jefe la ponía nerviosa. Su sueño estaba afectado. Se sentía irritable con su equipo.

Lo que Sofía no consideró, o no se permitió considerar, fueron tres salidas simples. Primera salida, acción directa: Podría haber ido a la oficina de su jefe y preguntado directamente: "Valoro tu feedback. Cuando dijiste 'interesante enfoque,' ¿hay algo específico que debería mejorar en futuras presentaciones?" Segunda salida, aceptación: Podría haberse dicho: "No puedo leer mentes. Hice mi mejor trabajo con la información que tenía. Si hay un problema real, mi jefe me lo dirá. Hasta entonces, asumiré que todo está bien." Tercera salida, redirigir atención: Podría haber enfocado su energía en su siguiente tarea concreta en lugar de analizar infinitamente un comentario ambiguo.

Pero no aplicó ninguna. Se quedó atrapada en el bucle durante días. Y el problema no era el comentario de su jefe. Era lo que su mente decidió hacer con ese comentario.

El bucle emocional de Patricia

Patricia es madre de dos niños de 7 y 9 años. Es una madre dedicada que se preocupa profundamente por criar hijos sanos y felices. Hace dos semanas tuvo una conversación con su hermana sobre enfoques de crianza. En algún momento de la conversación, su hermana dijo, sin tono de juicio pero con franqueza: "A veces siento que eres muy permisiva con los niños."

Patricia se sintió como si le hubieran dado un puñetazo en el estómago. Sonrió, cambió de tema, terminó la conversación cordialmente. Pero por dentro, algo se rompió.

Desde ese día, no ha dejado de pensar en ese comentario. "¿Soy muy permisiva? ¿Mis hijos tienen suficientes límites? ¿Otros también piensan eso pero no me lo dicen? ¿Qué me dice eso de mí como madre?" Empezó a repasar cada decisión reciente de crianza. "Ayer dejé que Mateo se quedara viendo TV media hora extra. ¿Eso me hace permisiva? Cuando Lucía me pidió helado antes de cenar y le dije que no, ¿fui lo suficientemente firme?"

Comenzó a compararse con otras madres. "La mamá de Santiago es más estricta. ¿Sus hijos serán más disciplinados que los míos? ¿Estoy criando niños que van a tener problemas porque no saben seguir reglas?" Los pensamientos se volvieron catastróficos. "¿Y si mis hijos fracasan en la vida por mi culpa? ¿Y si de adultos me culpan por no haber sido más estricta?"

Patricia también empezó a sentir resentimiento hacia su hermana, aunque no se lo dijo. Pero mentalmente, ensayaba conversaciones defensivas. "¿Quién es ella para juzgar mi crianza? Sus hijos ni siquiera son perfectos." Y luego se sentía culpable por esos pensamientos. "No debería estar enojada con ella. Solo fue honesta. Quizás tiene razón."

Pasaron dos semanas. Patricia evitó hablar con su hermana. Cuando finalmente se vieron en una reunión familiar, la conversación fue tensa y superficial. La relación se había enfriado, no por el comentario original, sino por todo lo que Patricia construyó mentalmente después de ese comentario.

Las salidas eran obvias desde afuera, pero imposibles de ver desde dentro del bucle. Primera salida, diálogo constructivo: Patricia podría haberle dicho a su hermana: "Tu comentario me afectó más de lo que esperaba. ¿Podemos hablar sobre eso? ¿A qué te referías específicamente?" Segunda salida, autocompasión: Podría haberse recordado: "Estoy haciendo lo mejor que puedo con la información y recursos que tengo. No existe la madre perfecta. Mis hijos están bien cuidados, amados y seguros. Eso es lo que importa." Tercera salida, claridad en valores: Podría haber reflexionado conscientemente sobre sus principios de crianza y reafirmado: "Mi estilo de crianza se basa en respeto mutuo y comunicación. Estoy en paz con eso."

Pero no aplicó ninguna. Se quedó en el bucle, y el costo fue su paz mental y la calidad de su relación con su hermana.

El patrón común

En ambos casos, nota el patrón. El evento disparador fue ambiguo (un comentario neutral, una opinión expresada). No hubo amenaza real ni problema urgente. Pero la mente interpretó la ambigüedad como algo que debía resolverse inmediatamente. Luego vino el intento de control mediante pensamiento (analizar, comparar, anticipar). Después la ansiedad creciente y la distorsión cognitiva (magnificar, catastrofizar, asumir). Y finalmente el bucle que se alimenta a sí mismo durante días.

Sofía y Patricia perdieron días de paz, sueño, concentración y conexión con los demás. Todo por bucles mentales que ellas mismas crearon y sostuvieron. El problema no era externo. El problema era interno.

Y esa es una buena noticia. Porque si el problema es interno, entonces la solución también lo es. No necesitas cambiar el mundo ni controlar lo que otros piensan o hacen. Necesitas cambiar tu relación con tus propios pensamientos. Y eso está completamente dentro de tu poder.

PRACTICA AHORA MISMO

La comprensión es el primer paso, pero la transformación viene de la práctica. Aquí tienes tres ejercicios de diferente profundidad. No los leas pasivamente. Elige al menos uno y hazlo hoy.

Ejercicio 1: STOP mental (2-3 minutos - emergencia)

Cuándo usarlo: Cuando detectes que estás en pleno bucle de rumiación y necesites interrumpirlo inmediatamente.

Paso 1: STOP - Detente físicamente. Si estás caminando, detente por completo. Si estás sentado, planta ambos pies firmemente en el suelo. Pon una mano sobre tu pecho o tu abdomen. Este acto físico interrumpe el piloto automático del pensamiento.

Paso 2: OBSERVA - Nombra lo que está pasando. Sin juzgarte, simplemente reconoce la situación. Di mentalmente o en voz baja: "Estoy rumiando sobre [el correo de mi jefe / la conversación con mi hermana / mi presentación]." Luego: "Siento [ansiedad / miedo / culpa] en [mi pecho / mi estómago / mi garganta]." El simple acto de nombrar crea distancia. Ya no estás fusionado con el pensamiento. Estás observándolo.

Paso 3: RESPIRA - Tres respiraciones conscientes. Inhala contando mentalmente hasta cuatro. Retén el aire un segundo. Exhala contando hasta seis. Repite tres veces. Nota cómo el aire entra fresco por tu nariz y sale tibio por tu boca. Esta respiración activa tu sistema nervioso parasimpático, que calma la respuesta de estrés.

Paso 4: PROCEDE - Elige una acción presente. Pregúntate: "¿Qué necesito hacer ahora mismo?" Puede ser una acción concreta relacionada con el tema de tu rumiación (llamar a alguien, escribir algo, agendar una conversación). O puede ser simplemente volver a tu tarea presente (terminar este correo, hacer la cena, escuchar a tu hijo). Si no hay ninguna acción útil que puedas tomar en este momento, di: "Suelto este pensamiento. Vuelvo al presente." Y redirige tu atención a algo tangible: lo que estás viendo, lo que estás tocando, lo que estás haciendo.

Por qué funciona: Este ejercicio interrumpe el ciclo automático del overthinking al traer tu atención de vuelta al momento presente y a tu cuerpo. No elimina el pensamiento problemático, pero rompe su dominio sobre ti. Con práctica, se vuelve cada vez más efectivo.

Ejercicio 2: El diario de bucles (10 minutos - seguimiento)

Cuándo usarlo: Al final del día, durante siete días consecutivos.
Materiales: Una libreta o una app de notas en tu teléfono.
Instrucciones:
Día 1-7, cada noche antes de dormir:

Paso 1: Identifica tu bucle del día. Piensa en el día que acaba de pasar. ¿Sobre qué tema rumiaste más? Escribe el tema en una frase simple. Ejemplo: "Rumiación sobre mi desempeño en la reunión."

Paso 2: Clasifica el bucle. ¿Era sobre el pasado (un error, arrepentimiento, algo que dijiste o hiciste)? ¿Era sobre el futuro (preocupación, escenario catastrófico, qué pasará si)? ¿Era sobre la opinión de otros (qué pensarán de mí, si me aprueban, si me juzgan)? Anota la categoría.

Paso 3: Evalúa la utilidad. En una escala del 1 al 10, ¿este pensamiento me ayudó a resolver algo? (1 = nada útil, 10 = muy útil). Luego, en la misma escala, ¿este pensamiento aumentó mi malestar? (1 = nada, 10 = muchísimo). Escribe ambos números.

Paso 4: Identifica el disparador. ¿Qué activó este bucle? ¿Fue un mensaje, un comentario, una noticia, un recuerdo, o apareció sin motivo aparente? ¿En qué momento del día empezó? (mañana, tarde, noche, al despertar, al acostarme) Anota lo que recuerdes.

Paso 5: Al finalizar los 7 días, revisa tus patrones. Lee todas tus entradas. Busca patrones: ¿Hay temas que se repiten? ¿Rumias más sobre pasado, futuro o juicio ajeno? ¿Hay ciertos momentos del día donde tu mente es más propensa a rumiar? ¿Hay disparadores comunes? Escribe tus observaciones.

Por qué funciona: Cuando tus patrones de overthinking están solo en tu cabeza, se sienten abrumadores e incontrolables. Pero cuando los escribes y los ves en papel, se vuelven más manejables. Puedes observarlos con perspectiva. Este ejercicio te da datos concretos sobre tu propia mente, y esos datos son poder. Saber cuándo y sobre qué rumias te permite prepararte y aplicar intervenciones en los momentos críticos.

Ejercicio 3: Carta a mi pensamiento (reflexión profunda - 20-30 minutos)

Cuándo usarlo: Cuando hay un pensamiento específico que te tiene atrapado hace días o semanas y necesitas procesarlo a profundidad.

Instrucciones:

Parte 1: Identifica el pensamiento central. Toma una hoja de papel o abre un documento nuevo. Escribe en la parte superior: "El pensamiento que me atormenta es:" y completa la frase. Sé específico. Ejemplos: "Soy un mal padre", "Voy a fracasar en este proyecto", "Nadie me valora realmente."

Parte 2: Dale voz al pensamiento. Ahora imagina que ese pensamiento es un personaje que puede hablar. Escribe en primera persona como si el pensamiento te hablara directamente. Ejemplo: "Yo, pensamiento de fracaso, te digo que no eres suficientemente competente porque siempre cometes errores y los demás lo notan. Te recuerdo cada vez que las cosas no salen perfectas que eres un fraude y tarde o temprano todos lo descubrirán..." Deja que el pensamiento se exprese completamente. Dos o tres párrafos. No lo censures ni lo interrumpas. Dale toda su voz.

Parte 3: Responde desde tu yo observador. Ahora cambia de perspectiva. Tú no eres ese pensamiento. Eres la persona que lo está experimentando. Escribe desde tu propia voz, dirigiéndote al pensamiento. Ejemplo: "Entiendo que este pensamiento aparece porque tengo miedo de decepcionar a otros y porque en el pasado he experimentado rechazo cuando no cumplí expectativas. Reconozco que este pensamiento está tratando de protegerme al mantenerme hipervigilante. Pero también veo que la evidencia real es que he completado proyectos exitosos, que mi jefe me ha dado retroalimentación positiva recientemente, y que los errores que cometo son normales y no definen mi valor."

Parte 4: Establece una nueva relación. Escribe: "A partir de ahora, cuando este pensamiento aparezca, voy a:" y completa con una estrategia específica. Ejemplo: "reconocerlo sin creerlo automáticamente", "agradecerle por intentar protegerme y luego soltarlo", "preguntarme qué evidencia real tengo antes de aceptar su narrativa", "redirigir mi atención a una tarea concreta del presente."

Parte 5: Compromiso de acción. Escribe: "Para no alimentar este pensamiento, voy a hacer estas tres cosas concretas:" y lista tres acciones específicas y realistas. Ejemplo: "1) Voy a celebrar cada pequeño logro en lugar de solo notar errores. 2) Voy a pedir retroalimentación honesta a mi supervisor en lugar de asumir lo peor. 3) Voy a practicar el ejercicio STOP cada vez que este pensamiento aparezca."

Por qué funciona: Este ejercicio poderoso hace varias cosas simultáneamente. Primero, externaliza el pensamiento, sacándolo de tu cabeza y poniéndolo en papel donde puedes verlo con objetividad. Segundo, al darle voz completa al pensamiento, paradójicamente disminuyes su poder. Ya no es una amenaza vaga y omnipresente; es un conjunto de palabras en una página. Tercero, te posiciona como observador de tus pensamientos, no como víctima de ellos. Cuarto, te obliga a buscar evidencia real en lugar de aceptar la narrativa del pensamiento como verdad absoluta. Y finalmente, te da un plan concreto de acción, transformando la comprensión en estrategia práctica.

EL PRIMER PASO ESTÁ DADO

Has llegado al final de este primer capítulo, y si has llegado hasta aquí con atención y apertura, has dado un paso más importante de lo que quizás te das cuenta.

Ahora entiendes que el overthinking no es inteligencia ni precaución. Es un patrón mental atascado que prometía darte control pero solo te dio agotamiento. Conoces la diferencia crucial entre pensar productivamente y rumiar destructivamente. Comprendes el error fundamental del overthinker: creer que analizar más equivale a tener más certeza. Has visto con claridad cómo funciona el ciclo de la rumiación, desde el disparador hasta el bucle que se alimenta a sí mismo. Y tienes cinco señales concretas para detectar cuándo has cruzado la línea de la reflexión útil al overthinking dañino.

Si al leer este capítulo te has reconocido en cada ejemplo, si has sentido que estaba describiendo exactamente tu experiencia, no te alarmes. Al contrario. Es una señal excelente. Significa que tu autoconciencia está despertando, y la autoconciencia es la chispa que enciende todo cambio real.

No estás roto. Tu mente no es defectuosa. Tu cerebro no está mal diseñado. Simplemente has aprendido un patrón de respuesta que alguna vez te sirvió. Quizás te dio una ilusión de control en un mundo que se sentía caótico. Quizás era tu forma de intentar protegerte de errores y rechazos. Quizás era lo que modelaron para ti las personas que te criaron. Sea cual sea el origen, ese patrón ahora te limita más de lo que te ayuda. Y esa es una buena noticia, porque los patrones aprendidos pueden modificarse.

No cambiará de la noche a la mañana. No hay una pastilla mágica ni un ejercicio único que elimine el overthinking para siempre. Pero con práctica consciente y compasiva, con herramientas concretas aplicadas consistentemente, tu relación con tus pensamientos puede transformarse profundamente.

Hablando de práctica: si hiciste al menos uno de los tres ejercicios que te propuse, felicítate. En serio. La mayoría de las personas leen libros de desarrollo personal pero nunca practican. El conocimiento sin aplicación es entretenimiento, no transformación. Si hiciste un ejercicio, ya estás un paso adelante. Si no los has hecho todavía, no pasa nada. Marca esta página. Dobla la esquina. Vuelve cuando estés listo. Pero que sea pronto. Tu paz mental no puede esperar indefinidamente.

Entender el problema es fundamental, pero no es suficiente. Necesitas herramientas concretas para cuando el bucle está activo, cuando tu mente se acelera a las 3 de la madrugada y parece imposible detenerla, cuando la ansiedad sube y el pensamiento se vuelve obsesivo. Necesitas tu kit de emergencia mental.

Eso es exactamente lo que viene a continuación.

En el próximo capítulo entrarás en la Capa 1 del Sistema de 3 Capas: Interrupción Inmediata. Aprenderás técnicas específicas de 2 a 5 minutos que puedes usar en el momento exacto en que detectes la rumiación. Aprenderás a calmar tu sistema nervioso cuando está activado, a redirigir tu atención cuando está secuestrada, y a romper el ciclo del overthinking en tiempo real. Son herramientas que llevarás contigo a todas partes, listas para usar cuando más las necesites.

Porque una cosa es saber que estás en un bucle mental, y otra muy distinta es tener el poder real de salir de él.

Continuemos.

CAPÍTULO 2
RECONOCE TU PATRÓN

EL DIARIO DE LAURA

Laura tiene un cuaderno en su mesa de noche. No es un diario tradicional. Es lo que ella llama su "cuaderno de bucles". Cada noche antes de dormir, escribe una frase: el pensamiento que más espacio ocupó en su mente ese día.

Después de dos semanas, Laura revisa sus anotaciones. Y algo se vuelve cristalino.

"¿Dije algo inadecuado en la reunión?" aparece cinco veces con diferentes variaciones. "¿Qué pensará mi jefe de mí?" en cuatro ocasiones. "¿Por qué no me respondió el mensaje?" tres veces. "¿Soy buena madre?" dos veces.

Laura se da cuenta de algo inquietante y revelador al mismo tiempo: sus pensamientos no son tan originales como creía. De hecho, son sorprendentemente repetitivos. Los mismos temas. Las mismas preocupaciones. Los mismos bucles disfrazados con circunstancias ligeramente diferentes.

Es como si su mente tuviera una lista de reproducción de cinco canciones y las pusiera en loop infinito.

Este descubrimiento es incómodo, pero también liberador. Porque si sus pensamientos siguen un patrón predecible, entonces no son tan importantes, tan únicos ni tan urgentes como parecen cuando están en pleno auge. Son hábitos mentales. Y los hábitos pueden cambiarse.

Esta es la verdad que exploraremos en este capítulo: tu overthinking tiene patrones. Tiene disparadores. Tiene señales de advertencia. Y una vez que aprendes a reconocerlos, ganas poder sobre ellos.

LOS CUATRO PERFILES DEL OVERTHINKER

El overthinking no se manifiesta de la misma manera en todas las personas. Aunque la raíz es similar (una mente que busca certeza donde no la hay), las formas específicas que toma varían. Reconocer tu perfil dominante te ayuda a entender tu mente con mayor precisión y a aplicar las estrategias más efectivas para tu caso particular.

Es importante aclarar que estos perfiles no son diagnósticos clínicos ni categorías rígidas. La mayoría de las personas combinan elementos de varios tipos, o se identifican más con uno según el contexto. No se trata de etiquetarte, sino de darte claridad sobre tus propios patrones mentales.

El perfeccionista autocrítico

Este overthinker está obsesionado con evitar errores. Cada tarea, cada interacción social, cada decisión pasa por un escrutinio mental exhaustivo. No busca mejorar por el placer de crecer, sino por el terror a fallar.

Su crítico interno es implacable. Un pequeño error en una presentación opaca diez cosas que salieron bien. Un comentario neutral de un colega se interpreta como crítica. La más mínima imperfección se magnifica hasta convertirse en evidencia de incompetencia total.

El perfeccionista autocrítico rumia sobre preguntas como: "¿Lo hice bien?" "¿Fue suficiente?" "¿Noté mi error?" "¿Me veo como un impostor?" "¿Debí hacerlo diferente?"

Imagina a Ricardo, diseñador gráfico de 29 años. Entregó un proyecto al cliente el viernes. El lunes, el cliente escribió: "Buen trabajo, solo un par de ajustes menores." Ricardo debería sentirse aliviado. Pero su mente se fija en "ajustes menores". Durante los siguientes dos días, repasa mentalmente cada decisión de diseño. "¿Por qué elegí ese color? ¿Debí usar otra tipografía? ¿El cliente realmente está satisfecho o solo es educado? ¿Piensan que no soy tan bueno?"

El costo de este patrón es alto. Procrastinación crónica porque nada se siente lo suficientemente bueno para empezar. Agotamiento por revisar y ajustar infinitamente. Incapacidad para delegar porque "nadie lo hará tan bien como yo". Y lo más doloroso: la incapacidad de disfrutar los logros porque siempre están manchados por lo que pudo ser mejor.

El catastrofista anticipador

Para este overthinker, el futuro es un campo minado. Su mente es una máquina de generar escenarios negativos. No importa cuán improbables sean, todos parecen inminentes y devastadores cuando están siendo rumiados.

Un dolor de cabeza se convierte en tumor cerebral. Un retraso en responder un mensaje se interpreta como rechazo definitivo. Una fluctuación económica significa ruina financiera inevitable. Una discusión menor con la pareja es el principio del fin de la relación.

El catastrofista anticipador rumia sobre preguntas que empiezan con "¿Y si...?": "¿Y si pierdo mi trabajo?" "¿Y si mi hijo tiene un accidente?" "¿Y si esta sensación física es algo grave?" "¿Y si todo sale mal?"

Conoce a Patricia, contadora de 37 años y madre de dos niños. Su hijo mayor tiene un examen importante mañana. Patricia lo ve estudiar y su mente empieza: "¿Y si no le va bien? ¿Y si esto afecta su promedio? ¿Y si eso limita sus opciones de universidad? ¿Y si no entra a una buena universidad y no consigue un buen trabajo? ¿Y si por mi culpa mi hijo no tiene un futuro estable?"

En cinco minutos, Patricia pasó de un examen de secundaria a la ruina existencial de su hijo. Y todo esto mientras él está estudiando tranquilamente en su habitación, probablemente preparado y sin la más mínima ansiedad que su madre está fabricando por él.

El costo de este patrón es una ansiedad constante que roba el disfrute del presente. La persona vive en una realidad paralela de catástrofes hipotéticas, agotándose emocionalmente por problemas que nunca ocurren.

El buscador de aprobación

Este overthinker mide su valor a través de los ojos de otros. Cada interacción social es analizada en busca de señales de aceptación o rechazo. Un comentario ambiguo, un tono de voz neutral, un mensaje más corto de lo usual, todo se convierte en material para horas de interpretación.

El buscador de aprobación rumia sobre: "¿Qué pensarán de mí?" "¿Dije algo inadecuado?" "¿Los decepcioné?" "¿Me siguen aceptando?" "¿Parezco tonto?" "¿Se habrán molestado?"

Piensa en Ana, 32 años, coordinadora de eventos. Durante una reunión de amigos, mencionó que está considerando cambiar de carrera. Una amiga dijo: "Wow, eso es un cambio grande." Solo eso. Un comentario neutral.

Pero en la mente de Ana, esa frase se reproduce en bucle. "¿Qué quiso decir con 'grande'? ¿Cree que es una mala idea? ¿Piensa que no soy capaz? ¿Lo comentó con las demás amigas? ¿Todas creen que voy a fracasar? ¿Debería no haberlo mencionado? ¿Ahora me ven como alguien inestable?"

Ana pasa los siguientes días revisando mentalmente cada reacción de sus amigas en esa reunión, buscando micro-expresiones que confirmen su temor de ser juzgada. Considera enviar mensajes explicándose, pero luego se preocupa de que eso la haga ver aún más insegura.

El costo de este patrón es agotador. La autenticidad se sacrifica en el altar de la aceptación. La persona vive actuando un papel que cree que los demás esperan, nunca segura de si es suficiente, nunca en paz consigo misma.

El analista paralizado

Este overthinker ama los datos, los detalles, las opciones. Pero su fortaleza se convierte en debilidad cuando la necesidad de información completa se vuelve infinita. Siempre hay una variable más que considerar, un escenario adicional que analizar, una fuente más que consultar.

El analista paralizado rumia sobre decisiones: "¿Es esta la mejor opción?" "¿He considerado todo?" "¿Y si existe una alternativa mejor que no he descubierto?" "¿Cómo puedo estar seguro?" "¿Qué pasaría si...?"

Considera a Jorge, 40 años, queriendo comprar un coche. Ha investigado durante tres meses. Lee reseñas, compara especificaciones, consulta foros, mira videos. Tiene una tabla de Excel con 23 variables diferentes. Cada fin de semana va a concesionarios. Pero no puede decidir.

Cada vez que está cerca de elegir, su mente encuentra una nueva duda. "¿Pero este otro modelo tiene mejor consumo de combustible? ¿Y si sale una versión nueva en seis meses? ¿Este color mantendrá mejor su valor de reventa? ¿Debería esperar a las rebajas de fin de año? ¿Qué pasa si hay una mejor oferta en otro concesionario que no he visitado?"

Su coche actual ya tiene problemas mecánicos. Está gastando dinero en reparaciones. Su familia está frustrada. Pero Jorge no puede dar el paso final. La búsqueda de la certeza absoluta lo mantiene en eterno análisis.

El costo de este patrón es la parálisis. Las oportunidades se pierden. Las decisiones se toman por omisión o demasiado tarde. La vida pasa mientras la persona sigue investigando, comparando y dudando.

LOS DISPARADORES QUE ACTIVAN EL BUCLE

Los bucles de overthinking no aparecen al azar. Tienen disparadores específicos, situaciones o estímulos que encienden la chispa de la rumiación. Reconocer tus disparadores te permite anticiparte y aplicar estrategias antes de que el bucle tome control completo.

Los disparadores se dividen en dos categorías: externos e internos.

Disparadores externos

Ambigüedad en comunicación. Un mensaje de texto breve cuando esperabas uno largo. Un "ok" sin emojis. Un correo leído pero sin respuesta. Una conversación que termina abruptamente. La falta de claridad es terreno fértil para que tu mente llene los espacios en blanco con interpretaciones negativas.

Comentarios vagos o neutrales. "Interesante propuesta." "Ya veremos." "Lo pensaré." Cuando alguien no es explícitamente positivo, tu mente puede interpretar neutralidad como rechazo disfrazado.

Situaciones sociales sin estructura clara. Fiestas donde no conoces a muchos. Reuniones donde no sabes exactamente qué se espera de ti. Encuentros casuales con personas que te importan. La incertidumbre social es un disparador poderoso, especialmente para el buscador de aprobación.

Decisiones importantes pendientes. Una oferta de trabajo que debes aceptar o rechazar. Una mudanza que estás considerando. Una conversación difícil que debes tener. El peso de una decisión importante puede activar el overthinking, especialmente en el analista paralizado.

Comparación social. Ver las publicaciones de otras personas en redes sociales. Escuchar historias de éxito de conocidos. Enterarte de los logros de colegas. La comparación es combustible instantáneo para la rumiación, especialmente si ya te sientes inseguro en algún aspecto de tu vida.

Cambios en rutinas o planes. Un cambio inesperado en tu horario. Planes que se cancelan. Situaciones imprevistas. El cerebro busca predecibilidad, y cualquier ruptura de esa predecibilidad puede activar una respuesta de vigilancia excesiva.

Disparadores internos

Sensaciones físicas inusuales. Un dolor nuevo. Fatiga inexplicable. Palpitaciones. Para el catastrofista anticipador, cualquier sensación corporal fuera de lo común puede disparar una espiral de preocupación sobre enfermedad grave.

Recuerdos que surgen espontáneamente. Un recuerdo de un error pasado que aparece sin razón aparente. Una conversación vergonzosa de hace años. Un momento en que decepcionaste a alguien. Estos recuerdos son especialmente efectivos en disparar rumiación en el perfeccionista autocrítico.

Estados emocionales. Cuando estás cansado, tu mente es más vulnerable al overthinking. Cuando tienes hambre, tu tolerancia a la incertidumbre baja. Cuando estás estresado por un área de tu vida, ese estrés se filtra a otras áreas.

Momentos de quietud mental. La ducha. El momento antes de dormir. Manejar solo. Cualquier situación donde tu mente no tiene una tarea concreta tiende a llenarse con rumiación. Es como si tu cerebro dijera: "Tengo espacio libre, mejor lo lleno con preocupaciones."

Fechas o aniversarios. Cumpleaños que te recuerdan objetivos no cumplidos. Aniversarios de pérdidas. Fechas límite que se acercan. El tiempo como recordatorio puede activar rumiación sobre el pasado o ansiedad sobre el futuro.

LAS SEÑALES TEMPRANAS DE ALERTA

Una de las habilidades más valiosas que puedes desarrollar es detectar cuándo estás entrando en un bucle de overthinking antes de que tome control total. Cuanto más temprano lo detectes, más fácil es interrumpirlo.

Aquí están las señales tempranas más comunes:

Señal 1: El mismo tema regresa múltiples veces en el día. Si te das cuenta de que has pensado en la misma situación o preocupación cinco, diez o veinte veces en pocas horas, sin ninguna novedad o progreso, es un indicador claro. No estás resolviendo, estás rumiando.

Señal 2: Preguntas que empiezan con "¿Y si...?" o "¿Por qué...?" se multiplican. Una pregunta legítima se convierte en cinco preguntas hipotéticas más. "¿Y si esto pasa? ¿Y si entonces aquello? ¿Y si también esto otro?" O "¿Por qué dije eso? ¿Por qué reaccionó así? ¿Por qué siempre me pasa esto?" Sin respuestas reales, solo más preguntas.

Señal 3: Sensación física de tensión que aumenta. Mandíbula apretada. Hombros tensos. Nudo en el estómago. Pecho oprimido. Tu cuerpo sabe antes que tu mente consciente que estás entrando en modo de alerta excesiva.

Señal 4: Dificultad para concentrarte en la tarea presente. Estás leyendo pero no procesas las palabras. Alguien te habla y no escuchas. Intentas trabajar pero tu mente está en otro lugar. La rumiación secuestra tu atención.

Señal 5: Búsqueda compulsiva de reaseguro. Relees el mensaje que enviaste. Consultas la misma información otra vez. Le preguntas a alguien por tercera vez si todo está bien. Buscas en internet síntomas por quinta ocasión. Esta compulsión de verificar es un síntoma claro de que tu mente está en bucle.

Señal 6: Cambio en tu tono emocional. Irritabilidad repentina. Tristeza sin motivo aparente. Ansiedad flotante. Las emociones negativas son tanto causa como consecuencia del overthinking. Cuando notes un cambio emocional, pregúntate qué ha estado ocupando tu mente.

Señal 7: Evitación de acciones concretas. Postergas una conversación que debes tener. Evitas empezar un proyecto. No tomas una decisión que está pendiente. La evitación es frecuentemente una señal de que estás atrapado en análisis mental sin movimiento hacia acción.

MAPA ANTI-OVERTHINKING: IDENTIFICA TU PATRÓN EN 3 PREGUNTAS

Cuando sospeches que estás entrando en overthinking, usa este protocolo rápido de tres preguntas. Te tomará menos de dos minutos y te dará claridad inmediata.

Pregunta 1: ¿Qué tipo de pensamiento es este?

Clasifícalo rápidamente:

- ¿Es sobre un error pasado? (Perfeccionista autocrítico)
- ¿Es sobre una catástrofe futura? (Catastrofista anticipador)
- ¿Es sobre qué piensan otros de mí? (Buscador de aprobación)
- ¿Es sobre qué decisión tomar? (Analista paralizado)

Solo identificar el tipo te da perspectiva. Ya no estás fusionado con el pensamiento. Lo estás observando.
Pregunta 2: ¿Cuál fue el disparador?
Retrocede mentalmente:

- ¿Qué pasó justo antes de que este pensamiento tomara fuerza?
- ¿Fue algo externo (mensaje, comentario, situación) o interno (recuerdo, sensación, emoción)?
- ¿Es un disparador que reconozco de otras veces?

Conocer tu disparador te permite verlo como lo que es: un activador de un hábito mental, no una verdad urgente que requiere análisis inmediato.
Pregunta 3: ¿Este pensamiento me está llevando a alguna acción útil?
Sé brutalmente honesto:

- ¿He identificado un paso concreto que puedo tomar?
- ¿O llevo minutos/horas dándole vueltas sin llegar a nada?
- Si dejara de pensar en esto ahora, ¿cambiaría algo real en mi vida?

Si la respuesta es "no hay acción útil", entonces sabes con certeza que estás rumiando, no resolviendo. Y la rumiación no merece más de tu tiempo.
Acción después del mapa:
Una vez que has respondido las tres preguntas y confirmado que estás en overthinking, tienes una elección consciente: seguir rumiando o aplicar una técnica de interrupción (que aprenderás en el próximo capítulo). El simple acto de detectar y nombrar el patrón ya debilita su poder sobre ti.

DOS HISTORIAS ESPEJO

Para ilustrar cómo los patrones de overthinking se manifiestan en la vida real, veamos dos casos que muestran el contraste entre estar atrapado en el patrón y reconocerlo para salir.

Historia 1: El cumpleaños de Mónica (atrapada en el patrón)

Mónica organizó una fiesta para su cumpleaños número 35. Invitó a 20 personas. Diecisiete confirmaron asistencia. El día de la fiesta, solo llegaron doce.

Desde el momento en que se dio cuenta de que faltaban cinco personas, su mente entró en bucle. Durante toda la fiesta, aunque sonreía y conversaba, su pensamiento estaba en otro lugar:

"¿Por qué no vinieron? ¿Estarán molestos conmigo por algo? ¿Fue la fecha? ¿Debí haber elegido otro día? ¿O es que realmente no les importó tanto? ¿Mi fiesta les pareció aburrida el año pasado? ¿Están juntos en otro lado hablando de mí? ¿Debería enviarles un mensaje? ¿O eso me haría ver desesperada?"

Cuando sus amigas le preguntaban si estaba bien, Mónica decía que sí, pero por dentro estaba consumida. No pudo disfrutar ni un momento. Las doce personas que sí vinieron notaron que estaba distante. Algunos se preguntaron si hicieron algo mal.

Esa noche, Mónica no durmió bien. Revisó sus mensajes de WhatsApp varias veces. Analizó cada interacción reciente con las cinco personas que faltaron. Creó narrativas completas sobre por qué no fueron. Ninguna positiva.

Tres días después, una de las cinco amigas le escribió: "¡Feliz cumple atrasado! Lo siento mucho, mi hijo se enfermó ese día y no pude salir de casa. ¿Cómo estuvo la fiesta?"

Mónica se sintió tonta. Pero el daño ya estaba hecho. Había pasado tres días en ansiedad autoinfligida y había arruinado su propia celebración por bucles mentales que resultaron ser completamente infundados.

Historia 2: La presentación de Carlos (reconociendo el patrón)

Carlos, gerente de marketing, tenía una presentación importante el lunes ante la junta directiva. El viernes previo, durante el ensayo con su equipo, uno de sus colegas comentó: "Creo que la sección de presupuesto podría estar más clara."

Carlos sintió la punzada familiar. Su mente empezó: "¿Está mal la presentación? ¿Debería rehacerla toda? ¿Los directores van a pensar que soy incompetente? ¿Por qué no me di cuenta de que esa sección era confusa?"

Pero entonces Carlos se detuvo. Había estado practicando reconocer sus patrones. Se hizo las tres preguntas del mapa:

Pregunta 1: ¿Qué tipo es este? Perfeccionista autocrítico. Un comentario constructivo se está convirtiendo en catástrofe personal.

Pregunta 2: ¿Cuál fue el disparador? Un comentario neutral de un colega. Nada más.

Pregunta 3: ¿Me lleva a acción útil? Sí, puedo mejorar esa sección. Eso es acción. El resto es rumiación.

Carlos respiró hondo. Le preguntó a su colega: "¿Qué específicamente te parece que podría mejorarse?" Recibió dos sugerencias concretas. Las aplicó en media hora. Mejoró la presentación.

El fin de semana, cuando su mente intentó regresar al tema ("¿Y si aún no es suficiente?"), Carlos lo detectó. Se dijo: "Ya hice lo que podía hacer. El lunes daré mi mejor esfuerzo. El resultado no está completamente bajo mi control." Soltó el pensamiento.

El lunes, la presentación fue bien recibida. Pero lo más importante no fue eso. Lo importante fue que Carlos no sacrificó su fin de semana en ansiedad. Reconoció su patrón, actuó donde podía actuar, y soltó lo que no podía controlar.

La diferencia entre Mónica y Carlos no es que uno sea más fuerte o más capaz. Es que Carlos había desarrollado la habilidad de reconocer su patrón y responder conscientemente en lugar de reaccionar automáticamente.

PRACTICA AHORA: TRES EJERCICIOS PARA RECONOCER PATRONES

El conocimiento sin práctica es solo entretenimiento. Estos ejercicios te ayudarán a integrar lo aprendido y a desarrollar tu capacidad de reconocer tus propios patrones de overthinking.

Ejercicio 1: El detector de 60 segundos (rápido)

Cuándo usarlo: Varias veces al día, especialmente cuando notes malestar emocional.

Cómo hacerlo:

Pon una alarma en tu teléfono para que suene tres veces al día en horarios aleatorios. Cuando suene, detente completamente por 60 segundos.

Pregúntate:

- ¿En qué estaba pensando justo ahora?
- Si era un pensamiento preocupante, ¿de qué tipo era? (pasado/futuro, aprobación/decisión)
- ¿Cuánto tiempo llevo pensando en esto hoy?
- ¿Me está ayudando este pensamiento a resolver algo?

Anota la respuesta mentalmente. No necesitas escribirla. Solo el acto de detenerte y observar interrumpe el piloto automático y entrena tu atención.

Por qué funciona: La mayoría del overthinking ocurre bajo el radar de tu conciencia. Este ejercicio te entrena a detectarlo en tiempo real. Con práctica, desarrollarás un "sensor interno" que te alerta cuando entras en rumiación.

Ejercicio 2: El rastreador de patrones (seguimiento de 7 días)

Cuándo usarlo: Durante una semana completa, cada noche.
Materiales: Libreta o app de notas.
Cómo hacerlo:
Cada noche, antes de dormir, completa esta tabla simple:
Día 1:

- Tema principal de overthinking hoy: [escribe el tema en una frase]
- Tipo: [perfeccionista/catastrofista/aprobación/analista]
- Disparador que lo activó: [situación específica]
- Señales que noté: [físicas, emocionales, conductuales]
- Tiempo estimado perdido en este bucle: [minutos u horas]

Repite cada noche por siete días.
Al final de la semana, revisa:

- ¿Hay un tema que se repite? ¿Un tipo dominante?
- ¿Tus disparadores son mayormente externos o internos?
- ¿Hay ciertos días de la semana donde rumias más?
- ¿Hay horarios del día más propensos? (mañanas, noches, etc.)

Por qué funciona: Ver tus patrones escritos es revelador. Lo que en tu cabeza parecían mil preocupaciones diferentes, en papel se reducen a tres o cuatro temas centrales que se repiten con diferentes disfraces. Este reconocimiento es poderoso porque desmitifica el overthinking y lo muestra como lo que es: un hábito predecible, no una crisis única cada vez.

Ejercicio 3: Carta a tu patrón dominante (reflexión profunda)

Cuándo usarlo: Después de completar el ejercicio 2 y haber identificado tu patrón dominante.
Tiempo: 30-40 minutos de escritura ininterrumpida.
Cómo hacerlo:
Abre un documento o toma varias hojas de papel. Vas a escribir una carta dirigida a tu patrón de overthinking como si fuera una entidad separada de ti.

RECONOCIMIENTO (10 MINUTOS)

Empieza con: "Querido [nombre que le das a tu patrón]..."
Ejemplos:

- "Querido Crítico Interior..."
- "Querido Anticipador de Desastres..."
- "Querido Buscador de Aprobación..."
- "Querido Analista Paralítico..."

Continúa describiendo:

- Cuándo apareciste en mi vida por primera vez (¿infancia, adolescencia, edad adulta?)
- En qué situaciones te manifiestas más
- Cómo has afectado mis decisiones, relaciones, bienestar
- Qué has intentado protegerme de (porque todo patrón comenzó con una intención protectora)

CONFRONTACIÓN COMPASIVA (10 MINUTOS)

Ahora escribe lo que quieres decirle con honestidad:

- Cómo me has limitado
- Las oportunidades que he perdido por escucharte demasiado
- El precio que he pagado (sueño, energía, alegría, conexión)
- Por qué ya no te necesito de la forma en que operas ahora

NUEVO ACUERDO (10 MINUTOS)

Finalmente, propón una nueva relación:

- "Reconozco que intentas protegerme, pero de ahora en adelante..."
- "Cuando aparezcas, en lugar de darte todo mi tiempo y atención, voy a..."
- "Te agradezco por [lo que sí te enseñó este patrón], pero establezco estos límites: ..."
- "Mi compromiso contigo es: te reconoceré cuando llegues, pero no te daré el control."

COMPROMISO DE ACCIÓN (5 MINUTOS)

Termina con tres acciones específicas que tomarás esta semana cuando tu patrón aparezca:

1. [Acción concreta, ej: "Aplicaré el detector de 60 segundos"]
2. [Acción concreta, ej: "Haré la pregunta: ¿esto me lleva a acción útil?"]
3. [Acción concreta, ej: "Me daré permiso de soltar sin resolver mentalmente"]

Por qué funciona: Este ejercicio hace varias cosas simultáneamente. Primero, externaliza el patrón, quitándole el poder de ser "quien eres" y convirtiéndolo en "algo que experimentas". Segundo, te permite expresar el impacto real que ha tenido, lo cual genera motivación genuina para cambiar. Tercero, al reconocer que tuvo una intención protectora original, reduces la auto-crítica y aumentas la compasión contigo mismo. Finalmente, al establecer un nuevo acuerdo y compromisos concretos, pasas de la comprensión a la estrategia activa.

EL PODER DE RECONOCER

Has llegado al final de este capítulo con una comprensión mucho más clara de tu propia mente. Ahora sabes que tu overthinking no es caótico ni impredecible. Tiene patrones. Tiene disparadores. Tiene señales tempranas. Y lo más importante: tienes un perfil dominante que puedes reconocer y anticipar.

Este conocimiento no es trivial. Es transformador. Porque lo que no puedes ver, no puedes cambiar. Y lo que no puedes nombrar, no puedes controlar.

Cuando eras inconsciente de tus patrones, cada bucle mental se sentía único, urgente e importante. Tu mente te convencía de que "esta vez sí es diferente", "esta preocupación sí es válida", "este análisis sí es necesario". Pero ahora que puedes reconocer el patrón, ves la verdad: es el mismo bucle con diferente disfraz. Y esa verdad te libera.

No se trata de juzgarte por tener estos patrones. No eres débil ni defectuoso por ser perfeccionista, catastrofista, buscador de aprobación o analista paralizado. Estos patrones se desarrollaron por razones válidas, probablemente como formas de protegerte en algún momento de tu vida. El perfeccionismo quizás te ayudó a evitar críticas. La anticipación catastrófica tal vez te mantuvo preparado. La búsqueda de aprobación pudo haberte dado pertenencia. El análisis exhaustivo probablemente te salvó de errores costosos.

Pero lo que alguna vez fue útil ahora se ha vuelto excesivo. Y reconocer eso no es rendirse ante tus "defectos". Es recuperar tu poder de elección.

Si hiciste los ejercicios de este capítulo, especialmente el rastreador de patrones de siete días, te felicito genuinamente. La mayoría de las personas prefieren seguir en piloto automático antes que observarse con esta honestidad. Tú elegiste diferente. Elegiste la conciencia sobre la inconsciencia. Elegiste el cambio sobre la comodidad de lo familiar.

Los patrones que identificaste esta semana no desaparecerán mágicamente. Van a aparecer mañana, la próxima semana, el próximo mes. Pero ahora tienes algo que no tenías antes: los puedes ver venir. Y cuando puedes ver algo venir, puedes prepararte. Puedes elegir responder en lugar de solo reaccionar.

En el próximo capítulo entrarás en la Capa 1 del Sistema de 3 Capas: Interrupción Inmediata. Aprenderás técnicas específicas de 2 a 5 minutos que puedes aplicar en el momento exacto en que reconoces que estás entrando en un bucle. Ya no será suficiente con solo detectar el overthinking. Necesitarás herramientas para cortarlo de raíz antes de que tome el control de tu día.

Pero antes de avanzar, tómate un momento para reconocer el progreso que ya hiciste. Entiendes qué es el overthinking. Reconoces tus patrones personales. Sabes identificar tus disparadores. Estas no son cosas pequeñas. Son los cimientos sobre los cuales construirás tu libertad mental.

El viaje continúa. Y cada paso te acerca más a la mente que mereces tener: una que trabaja para ti, no contra ti.

CAPÍTULO 3
CORTA EL BUCLE

3:42 AM

Daniela está mirando el techo. Otra vez. Hace dos horas que debería estar dormida, pero su mente está en una carrera sin freno.

Todo empezó con un comentario que su jefa hizo al final del día: "Necesitamos hablar mañana sobre tu proyecto." Solo eso. Sin más contexto. Sin pistas. Sin tono que pudiera interpretar con certeza.

Y desde ese momento, Daniela no ha parado. "¿Qué salió mal? ¿Es el presupuesto? ¿Alguien se quejó de mi trabajo? ¿Me van a reasignar? ¿O peor, me van a despedir? ¿Cómo voy a pagar la renta si me despiden? ¿Debería empezar a buscar otro trabajo? Pero si busco trabajo ahora, ¿no se verá mal en mi currículum? ¿Y si no encuentro nada? ¿Por qué no fui más clara en mi última presentación? Sabía que debí incluir más datos..."

Su corazón está acelerado. Su mandíbula apretada. Ha revisado su correo cinco veces esperando alguna aclaración que no llega. Ha ensayado mentalmente diez versiones diferentes de la conversación de mañana. Ha imaginado veinte escenarios negativos, cada uno peor que el anterior.

Daniela sabe que está atrapada. Lo sabe racionalmente. Pero no puede salir. Cada vez que intenta dejar de pensar, un nuevo "¿y si...?" aparece. Cada vez que se dice "ya basta", su mente contraataca con "pero es que necesito estar preparada". El bucle se alimenta a sí mismo.

Son las 3:42 de la madrugada. Tiene que levantarse en tres horas y media. Y lo único que ha logrado es convertir un comentario neutral en una catástrofe existencial autoinfligida.

Este es el momento exacto donde más necesitas las herramientas de este capítulo. No para mañana. No para cuando te sientas más tranquilo. Para ahora. Para cuando el bucle ya te tiene atrapado y la urgencia mental se siente insoportable.

POR QUÉ PENSAR MÁS NO TE SACA DEL BUCLE

Aquí está la trampa cruel del overthinking: tu primer instinto cuando estás atrapado es intentar pensar para salir del problema. "Si lo analizo más, encontraré la respuesta. Si considero una variable más, tendré certeza. Si repaso la situación otra vez, veré algo que me perdí."

Pero esto es como intentar apagar un incendio con gasolina.

El overthinking no es un problema de información insuficiente. Es un problema de proceso mental atascado. No necesitas pensar mejor. Necesitas dejar de pensar por un momento. Y esa es una distinción que la mayoría de los overthinkers no logran hacer.

Cuando estás en el bucle, tu cerebro está en un estado específico. La red de atención está hiperactiva, enfocada obsesivamente en la amenaza percibida. Tu sistema nervioso está en modo alerta. Las mismas áreas cerebrales que evolucionaron para mantenerte a salvo de depredadores están ahora tratando al comentario ambiguo de tu jefa como si fuera un tigre.

Y en ese estado, intentar razonar racionalmente es casi imposible. No porque seas irracional, sino porque tu cerebro está operando desde un modo de supervivencia, no desde un modo de análisis tranquilo. Es como intentar tener una conversación filosófica profunda mientras corres de un león. Tu cerebro no está diseñado para hacer ambas cosas simultáneamente.

Por eso, cuando estás en pleno bucle y te dices "voy a pensar en esto racionalmente", lo que suele pasar es que agregas una capa más de análisis sin salir del modo de amenaza. Piensas sobre el problema desde diez ángulos diferentes, pero todos desde el mismo estado de alerta y urgencia. No es pensamiento claro. Es rumiación disfrazada de análisis.

Además, hay otro factor: la búsqueda de certeza es infinita. No importa cuántas variables consideres, siempre habrá una más. No importa cuántos escenarios anticipes, siempre podrás imaginar otro. Si tu criterio para dejar de pensar es "cuando tenga certeza absoluta", nunca vas a dejar de pensar. Porque la certeza absoluta sobre el futuro o sobre las intenciones de otros simplemente no existe.

Entonces el primer paso para salir del bucle no es pensar mejor. Es interrumpir el proceso de pensar.

EL PRINCIPIO DE INTERRUPCIÓN ANTES QUE SOLUCIÓN

Esto suena contraintuitivo, lo sé. Toda tu vida te han enseñado a resolver problemas pensando en ellos. Y eso funciona para problemas reales que requieren análisis. Pero el overthinking no es un problema real que necesite ser resuelto. Es un proceso mental que necesita ser interrumpido.

Aquí está la diferencia crucial:

Resolver el contenido del pensamiento significa enfocarte en la preocupación específica. Si te preocupa la conversación con tu jefa, resolverlo sería: prepararla, reunir datos, anticipar preguntas. Eso es legítimo cuando lo haces una vez, de manera estructurada, y llegas a un plan de acción concreto.

Cortar el bucle significa enfocarte en el proceso mental mismo. No en qué estás pensando, sino en cómo estás pensando. Reconoces que estás atrapado en repetición improductiva y activamente cambias tu estado mental, independientemente del contenido.

La gran verdad que necesitas internalizar es esta: puedes cortar el bucle sin resolver el pensamiento. De hecho, a menudo debes hacerlo. Porque intentar resolver el pensamiento mientras estás en el bucle es lo que mantiene el bucle activo.

Piénsalo así: si tienes una herida y está sangrando, el primer paso no es pensar en cómo te hiciste la herida o preocuparte por si va a dejar cicatriz. El primer paso es detener el sangrado. Solo después, cuando la hemorragia está controlada, puedes limpiar la herida y tratarla apropiadamente.

Lo mismo aplica con el overthinking. Primero cortas el bucle. Después, cuando tu mente está más tranquila, puedes abordar el tema de manera constructiva si realmente requiere atención.

Este capítulo te enseña a cortar el bucle. A interrumpir el sangrado mental. Las herramientas que aprenderás no resuelven tus problemas reales. Te devuelven a un estado donde puedes pensar con claridad sobre tus problemas reales. Hay una diferencia enorme entre ambas cosas.

CUATRO HERRAMIENTAS DE INTERRUPCIÓN INMEDIATA

Estas técnicas están diseñadas para usarse en el momento. No requieren preparación elaborada. No necesitas condiciones especiales. Puedes aplicarlas en tu oficina, en tu coche, en tu cama a las 3 de la madrugada, en el baño de un restaurante. Son tu kit de primeros auxilios mental.

Herramienta 1: Tiempo de preocupación contenida

Esta técnica se basa en un principio simple pero poderoso: si le das a tu mente un espacio oficial para preocuparse, dejará de insistir en hacerlo todo el tiempo.

Cómo funciona:

Cuando detectes que estás en bucle, no intentes suprimir el pensamiento. En lugar de eso, di mentalmente o en voz baja: "Este es un tema importante. Me voy a ocupar de él a las [hora específica]. Ahora no es el momento."

Elige una hora fija cada día. Por ejemplo, las 6 de la tarde. Ese es tu "tiempo de preocupación". Si algo te preocupa durante el día, lo pospones hasta ese momento.

Cuando llegue las 6 PM, siéntate con papel y lápiz. Pon un temporizador de 15 minutos. Durante esos 15 minutos, te permites pensar intensamente en todo lo que te preocupó durante el día. Analiza. Anticipa. Preocúpate activamente.

Pero hay reglas:

- Solo 15 minutos. Cuando suene el temporizador, terminas.
- Si llegas a una acción concreta que puedes tomar, anótala. Pero si no, solo preocúpate sin presión de resolver.
- Después de los 15 minutos, cierras el tema hasta mañana.

Por qué funciona:

Tu cerebro aprende que no necesita rumiarte todo el día porque sabe que hay un tiempo específico reservado para eso. La urgencia disminuye. Además, muchas preocupaciones que parecían monumentales a las 10 AM ya no importan tanto a las 6 PM. O se resolvieron solas. O descubres que no eran tan urgentes.

Esta técnica no elimina la preocupación. La contiene. Y esa contención rompe el patrón de rumiación constante.

Herramienta 2: Defusión cognitiva en 30 segundos

La defusión cognitiva es el acto de crear distancia entre tú y tu pensamiento.

En lugar de estar fusionado con el pensamiento (creyéndolo como verdad absoluta), te separas de él y lo observas como un evento mental.

Cómo funciona:

Paso 1: Identifica el pensamiento problemático. Por ejemplo: "Voy a fracasar en esta presentación."

Paso 2: Reformula el pensamiento agregando palabras que creen distancia:

- "Estoy teniendo el pensamiento de que voy a fracasar en esta presentación."
- Luego: "Noto que mi mente está ofreciendo la historia de que voy a fracasar en esta presentación."

Paso 3: Observa cómo cambia tu relación emocional con el pensamiento. No desaparece, pero ya no tiene el mismo peso.

Variante para pensamientos muy insistentes:

Canta el pensamiento con la melodía de "Cumpleaños feliz". En serio. "Voy a fra-ca-sar, voy a fra-ca-sar..." Suena ridículo, y ese es el punto. Es casi imposible tomarle en serio a un pensamiento cuando lo estás cantando con voz de fiesta infantil.

Por qué funciona:

Cuando estás fusionado con un pensamiento, se siente como verdad. Cuando creas distancia, se convierte en algo que estás experimentando, no en algo que eres. Esa simple reformulación lingüística cambia tu perspectiva neurológica. Ya no estás dentro de la tormenta. Estás observándola desde la ventana.

Herramienta 3: Anclaje de 5 sentidos (versión rápida)

Cuando estás en overthinking severo, tu atención está completamente secuestrada por pensamientos abstractos sobre pasado o futuro. El anclaje sensorial te devuelve brutalmente al presente usando tu cuerpo.

Cómo funciona:

Puedes hacerlo en 2 minutos o menos. No necesitas cerrar los ojos ni adoptar ninguna postura especial.

Identifica en tiempo real:

- 5 cosas que VES ahora mismo. "Veo la lámpara. Veo una mancha en la pared. Veo mi mano. Veo la puerta. Veo esa taza."
- 4 cosas que SIENTES tocándote. "Siento la silla bajo mis piernas. Siento mi ropa sobre mi piel. Siento el peso de mis pies en el suelo. Siento la temperatura del aire."
- 3 cosas que OYES. "Oigo el zumbido del refrigerador. Oigo tráfico afuera. Oigo mi propia respiración."
- 2 cosas que HUELES. "Huelo el café. Huelo mi perfume."

* 1 cosa que SABOREAS. "Saboreo el té que tomé hace rato."

Por qué funciona:
El overthinking vive en el pasado y el futuro. Los sentidos viven en el presente. No puedes estar rumando y simultáneamente prestando atención activa a tus sentidos. Uno cancela al otro. Esta técnica no es sutil. Es un golpe directo que saca a tu atención del bucle mental y la planta en el ahora.

Herramienta 4: Acción física de 2 minutos

A veces la forma más rápida de salir de la mente es entrar en el cuerpo. El movimiento físico interrumpe patrones mentales porque cambia tu estado fisiológico.

Opciones rápidas:
Opción A: Respiración 4-7-8

* Inhala por la nariz contando hasta 4
* Retén el aire contando hasta 7
* Exhala por la boca contando hasta 8
* Repite 4 ciclos completos

Esto activa tu sistema nervioso parasimpático, que literalmente calma tu respuesta de estrés.

Opción B: Sacudida física

* Ponte de pie
* Sacude tus brazos vigorosamente durante 30 segundos
* Sacude tus piernas
* Salta en tu lugar varias veces
* Sacude todo tu cuerpo como si te estuvieras quitando agua

Esto libera tensión acumulada y cambia tu energía.

Opción C: Cambio de espacio

* Si estás adentro, sal afuera (aunque sea a un balcón)
* Si estás sentado, camina durante 2 minutos
* Si estás en un lugar, ve a otro diferente

El cambio de entorno físico ayuda a romper el patrón mental asociado con ese espacio.

Por qué funciona:
Tu estado mental y tu estado físico están entrelazados. Cuando cambias uno, el otro tiende a seguir. El bucle mental a menudo viene acompañado de

un cuerpo tenso, inmóvil, con respiración superficial. Al cambiar activamente tu cuerpo, interrumpes el circuito completo.

MAPA ANTI-OVERTHINKING: PROTOCOLO DE INTERRUPCIÓN

Cuando estés en pleno bucle y no sepas qué hacer, usa este protocolo paso a paso. Es un árbol de decisión simple en formato "si-entonces".

Paso 1: Detecta y nombra
Pregunta: "¿Estoy en un bucle mental ahora mismo?"
Señales de sí:

- Llevas más de 10 minutos pensando en lo mismo
- Sientes ansiedad o tensión física creciente
- No has llegado a ninguna acción concreta
- Tu mente está en el pasado o futuro, no en el presente

Si la respuesta es sí, di mentalmente: "Estoy en bucle. Necesito interrumpir."

Paso 2: Evalúa urgencia física
Pregunta: "¿Mi cuerpo está muy activado? (corazón acelerado, respiración rápida, mucha tensión)"
Si sí: Usa Herramienta 4 (acción física) primero. Necesitas bajar la activación antes de aplicar otras técnicas.
Si no: Continúa al Paso 3.

Paso 3: Elige herramienta según contexto
Pregunta: "¿Dónde estoy y qué puedo hacer discretamente?"
Si estás en público o trabajando:

- Usa Herramienta 2 (defusión cognitiva) - es mental, nadie lo nota
- O Herramienta 3 (anclaje de 5 sentidos) - también discreta

Si estás solo en casa:

- Usa Herramienta 1 (posponer a tiempo de preocupación)
- O Herramienta 4 (acción física completa)

Si es de noche y deberías dormir:

- Usa Herramienta 3 (anclaje de 5 sentidos)
- Seguido de respiración 4-7-8

Paso 4: Aplica la herramienta completamente
No hagas la técnica a medias. Si elegiste anclaje de 5 sentidos, completa los

5 sentidos. Si elegiste respiración 4-7-8, haz los 4 ciclos completos. La interrupción requiere que sigas el protocolo hasta el final.

Paso 5: Redirige atención a tarea presente

Después de aplicar la herramienta, pregunta: "¿Qué necesito hacer ahora en el mundo real?"

Opciones:

- Volver a la tarea que estabas haciendo
- Ir a dormir
- Hacer algo específico que está en tu control
- Simplemente estar presente donde estás

No dejes un vacío. Si no llenas tu atención con algo presente, el bucle regresará.

Paso 6: Si el bucle regresa en 10 minutos

No te frustres. Es normal. Los bucles tienen inercia. Simplemente repite el protocolo. Cada vez que interrumpes, debilitas el patrón. No necesitas éxito perfecto en el primer intento.

DOS CASOS EN ACCIÓN

Para que veas cómo estas herramientas funcionan en situaciones reales, aquí hay dos ejemplos detallados.

Caso 1: El mensaje sin respuesta de Luis

Luis envió un mensaje importante a un cliente el lunes a las 10 AM. Es miércoles a las 3 PM y no ha recibido respuesta. Su mente está en bucle completo.

"¿Vio el mensaje? ¿Lo molestó algo que dije? ¿Se va a ir con la competencia? ¿Debí ser más claro? ¿O fui demasiado directo? ¿Debería enviar otro mensaje? ¿O eso me hace ver desesperado? ¿Y si perdemos esta cuenta? Es nuestra cuenta más grande. ¿Cómo se lo explico a mi jefe?"

Luis siente presión en el pecho. Ha revisado su teléfono veinte veces en dos horas. No puede concentrarse en nada más.

Momento de interrupción:

Luis se da cuenta. Reconoce: "Estoy en bucle. Esto no me está ayudando."

Está en su oficina, rodeado de colegas. No puede hacer nada muy obvio. Elige la Herramienta 2 (defusión cognitiva).

Identifica su pensamiento central: "Voy a perder esta cuenta por mi culpa."

Lo reformula mentalmente: "Estoy teniendo el pensamiento de que voy a perder esta cuenta por mi culpa."

Luego: "Noto que mi mente está creando una historia catastrófica sobre un mensaje sin respuesta."

Siente un leve afloje. El pensamiento sigue ahí, pero ya no lo está aplastando.

Luego aplica la Herramienta 3 (anclaje rápido). Discretamente, desde su escritorio, identifica:

- 5 cosas que ve: monitor, planta, taza, foto, reloj
- 4 que siente: silla dura, pies en suelo, teclado bajo dedos, aire fresco
- 3 que oye: teclas, conversación lejana, aire acondicionado

Dos minutos después, Luis puede respirar mejor. El bucle no ha desaparecido completamente, pero ha perdido su urgencia inmediata.

Toma acción presente: Decide que si no recibe respuesta para el viernes, entonces enviará un seguimiento breve y profesional. Anota ese plan en su calendario. Ahora tiene una acción futura clara, lo cual le da a su cerebro un cierre.

Luego redirige su atención: Abre un proyecto diferente que necesita hacer hoy. Se permite no pensar más en el cliente hasta el viernes.

Resultado: Luis no resolvió el problema del mensaje sin respuesta. Pero cortó el bucle. Recuperó dos días de productividad y paz mental que habría perdido rumiando. Y el viernes, cuando envió el seguimiento, el cliente respondió en una hora: había estado de viaje y recién vio el mensaje original. Todo estaba bien.

Caso 2: La conversación difícil de Carmen

Carmen es madre de una hija de 16 años. Ayer tuvieron una discusión fuerte. Su hija le gritó: "¡Nunca me entiendes!" y se encerró en su habitación. Hoy está en la escuela, pero Carmen no puede dejar de pensar.

"¿Fui muy dura? ¿Debí haber escuchado más? ¿Estoy dañando nuestra relación? ¿Y si se aleja de mí para siempre? ¿Soy mala madre? Otras madres parecen tener mejores relaciones con sus hijas adolescentes. ¿Por qué siempre termino diciendo lo incorrecto? ¿Y si necesita terapia y es culpa mía?"

Carmen está limpiando la cocina, pero su mente está a mil kilómetros de distancia. Siente un nudo en la garganta. Ha llorado dos veces esta mañana.

Momento de interrupción:

Carmen reconoce: "Llevo tres horas dándole vueltas a lo mismo. Esto no me está ayudando a ser mejor madre. Solo me está haciendo sentir peor."

Está sola en casa. Puede usar técnicas más abiertas. Elige la Herramienta 4 (acción física).

Se para en medio de la sala. Respira profundo. Hace la sacudida física: sacude brazos, piernas, salta varias veces, sacude todo su cuerpo vigorosamente durante un minuto completo.

Se siente ridícula, pero también siente que algo se suelta. La tensión que llevaba en hombros y espalda disminuye.

Luego aplica respiración 4-7-8. Cuatro ciclos completos. Siente cómo su corazón se calma.

Después usa la Herramienta 1 (tiempo de preocupación). Le dice a su mente: "Este es un tema importante. Voy a reflexionar sobre esto con calma a las 8 PM cuando mi hija esté dormida. Por ahora, necesito estar funcional."

Toma acción presente: Decide que esta noche va a intentar tener una conversación tranquila con su hija. No para "resolver" todo, solo para decirle: "Siento que las cosas se pusieron tensas ayer. Te amo. Podemos hablar cuando estés lista." Anota esto como recordatorio.

Redirige atención: Termina de limpiar la cocina con atención plena. Nota el agua, el jabón, el movimiento de sus manos. Está presente en la tarea.

Resultado: A las 8 PM, cuando llegó su tiempo de preocupación, Carmen ya no sentía la misma urgencia. La conversación con su hija esa noche fue breve pero cálida. Su hija dijo: "Perdón por gritarte, ma." Carmen respondió: "Yo también lo siento." No resolvieron todos sus conflictos de comunicación, pero reconectaron. Y Carmen pudo estar presente para esa conversación porque no había gastado todo el día agotándose mentalmente.

PRACTICA: TRES EJERCICIOS PARA DOMINAR LA INTERRUPCIÓN

Estas herramientas solo funcionan si las practicas. No puedes esperar aplicarlas perfectamente en crisis si nunca las has entrenado en calma. Aquí tienes tres niveles de práctica.

Ejercicio 1: Simulacro de interrupción (práctica diaria - 5 minutos)

Objetivo: Entrenar tu respuesta de interrupción cuando NO estás en crisis, para que sea automática cuando sí lo estés.

Cómo hacerlo:

Una vez al día, preferiblemente a la misma hora, haz lo siguiente:

1. Elige deliberadamente un pensamiento que te cause leve incomodidad (no tu peor miedo, algo moderado).

2. Permite que ese pensamiento ocupe tu mente por 30 segundos. Déjalo desarrollarse.

3. Luego aplica UNA de las herramientas de interrupción. Alterna cada día.

- Lunes: Defusión cognitiva
    - Martes: Anclaje de 5 sentidos
    - Miércoles: Respiración 4-7-8
    - Jueves: Posponer a tiempo de preocupación
    - Viernes: Repetir la más difícil

4. Observa qué pasa. ¿La herramienta funcionó? ¿Cuál fue más efectiva para ti?

Por qué funciona: Es como un simulacro de incendio. Practicas la evacuación cuando no hay fuego real, para que cuando haya uno, tu cuerpo sepa exactamente qué hacer sin tener que pensar.

Ejercicio 2: Diario de interrupciones exitosas (seguimiento semanal)

Objetivo: Reforzar tu confianza documentando tus éxitos en interrumpir bucles.

Materiales: Libreta o app de notas.

Cómo hacerlo:

Durante una semana, cada vez que logres interrumpir exitosamente un bucle mental (incluso parcialmente), anota:

- Fecha y hora
- Qué disparó el bucle
- Qué herramienta usaste
- Calificación de efectividad (1-10, donde 10 es "cortó el bucle completamente")
- Qué pasó después (¿regresó el bucle? ¿pudiste seguir con tu día?)

Al final de la semana, revisa:

- ¿Cuántas veces interrumpiste exitosamente?
- ¿Qué herramientas fueron más efectivas para ti?
- ¿Hay patrones en los disparadores?

Por qué funciona: Los overthinkers tienden a recordar solo sus fracasos.

Este diario te obliga a reconocer tus éxitos. Cada interrupción exitosa, por pequeña que sea, es evidencia de que puedes hacerlo. Esa evidencia construye confianza.

Ejercicio 3: Plan de interrupción personalizado (reflexión escrita - 20 minutos)

Objetivo: Crear tu propio protocolo de emergencia adaptado a tu vida y tus patrones.

Cómo hacerlo:

Toma papel y lápiz. Vas a crear un documento de una página que puedes consultar en momentos de crisis.

Sección 1: Mis señales de alerta personales

Escribe 5 señales específicas que te indican que estás entrando en bucle. Sé muy concreto.

Ejemplos:

- "Reviso mi teléfono cada 3 minutos"
- "Tengo un nudo en el estómago"
- "No puedo concentrarme en lo que estoy leyendo"

Sección 2: Mis herramientas favoritas por contexto

Crea una mini-guía:

En el trabajo: [herramienta preferida] En casa solo: [herramienta preferida] En público: [herramienta preferida] De noche: [herramienta preferida] En tráfico: [herramienta preferida]

Sección 3: Mi frase de activación

Escribe una frase corta que vas a decirte cuando detectes el bucle. Algo como:

- "Alto. Necesito interrumpir."
- "Este bucle no me sirve."
- "Tiempo de usar mis herramientas."

Sección 4: Mi plan si fallo

Escribe qué harás si aplicas una herramienta y el bucle regresa en 5 minutos.

Ejemplo: "Voy a intentar una segunda herramienta. Si tampoco funciona, voy a cambiar físicamente de lugar o llamar a [persona de confianza]."

Sección 5: Recordatorios compasivos

Escribe 3 frases amables que te recuerden que está bien tener dificultades con esto.

Ejemplos:

- "Los bucles son hábitos fuertes. Romperlos toma práctica."
- "Cada intento de interrupción cuenta, incluso los imperfectos."
- "No necesito hacerlo perfecto. Solo necesito intentarlo."

Guarda este documento en tu teléfono. Tómale una foto. Tenlo disponible para cuando lo necesites.

Por qué funciona: En medio de un bucle intenso, es difícil pensar con claridad. Tener un plan pre-establecido te quita la carga de decidir qué hacer. Solo sigues el protocolo que ya creaste cuando tu mente estaba tranquila.

TU KIT DE EMERGENCIA ESTÁ LISTO

Has llegado al final de este capítulo equipado con algo que no tenías antes: poder real para intervenir cuando tu mente se acelera.

Entiendes ahora que intentar "pensar mejor" cuando estás en bucle solo alimenta el bucle. Que la interrupción es diferente de la resolución. Que puedes cortar el proceso mental sin necesidad de resolver el contenido del pensamiento. Estas comprensiones no son triviales. Cambian fundamentalmente cómo te relacionas con tus propios pensamientos.

Tienes cuatro herramientas concretas, cada una diseñada para diferentes contextos y niveles de intensidad. El tiempo de preocupación contenida para entrenar a tu cerebro a posponer. La defusión cognitiva para crear distancia instantánea. El anclaje sensorial para sacarte brutalmente del bucle y plantarte en el presente. Y la acción física para cambiar tu estado desde el cuerpo.

Tienes un mapa de interrupción, un protocolo paso a paso que puedes seguir incluso cuando tu mente está nublada por la ansiedad. No necesitas inventar qué hacer cada vez. El protocolo ya está ahí.

Y has visto cómo Luis y Carmen usaron estas herramientas en situaciones reales. No en condiciones ideales. No cuando se sentían tranquilos y motivados. En medio del bucle. Cuando la urgencia se sentía insoportable. Y funcionó. No perfectamente. Pero funcionó lo suficiente.

Ahora bien, es importante que entiendas esto: estas herramientas no van a eliminar el overthinking de tu vida para siempre en una semana. No funcionan así. Lo que hacen es darte capacidad de respuesta en el momento. Te dan opciones donde antes solo había inercia.

Habrá días donde apliques la técnica y el bucle se corte limpiamente. Te sentirás victorioso. Celebra esos momentos. Habrá otros días donde aplicarás la técnica y el bucle regresará en cinco minutos. No te desanimes. Vuelve a aplicarla. Cada vez que interrumpes, debilitas el patrón, incluso si el resultado inmediato no es perfecto.

Lo más importante es que practiques. No solo cuando estés en crisis. Entrena en calma para que en crisis tu cuerpo sepa qué hacer. Haz los ejercicios de este capítulo. Experimenta con las herramientas. Descubre cuáles resuenan más contigo.

Y sobre todo, sé compasivo contigo mismo. El overthinking es un hábito arraigado. No lo desarrollaste en una semana, no va a desaparecer en una semana. Pero cada interrupción exitosa es una victoria. Cada vez que eliges usar una herramienta en lugar de dejarte arrastrar, estás reentrenando tu cerebro. Estás construyendo un nuevo camino neuronal. Uno donde tú tienes el control.

En el próximo capítulo entraremos en la Capa 2 del sistema: Reentrenamiento Mental. Las herramientas de este capítulo te dan alivio inmediato. El próximo capítulo te enseña a cambiar la relación fundamental que tienes con tus pensamientos para que los bucles aparezcan con menos frecuencia y con menos intensidad. Es trabajo más profundo. Pero antes de llegar ahí, necesitabas poder manejar las crisis. Y ahora puedes.

Tu mente no tiene por qué ser tu enemiga. Con estas herramientas, empiezas a convertirla en tu aliada. Una que puedes calmar cuando se acelera. Una que puedes redirigir cuando se pierde. Una que, poco a poco, aprende a confiar en que no necesita estar en alerta constante para que estés a salvo.

El cambio es posible. Y comienza con cada interrupción exitosa. Continúa.

CAPÍTULO 4
REENTRENA TU MENTE

TRES MESES DESPUÉS

Elena cierra su laptop y se recuesta en su silla. Acaba de terminar una presentación importante. Hace seis meses, este momento habría disparado un ciclo predecible: repasar mentalmente cada diapositiva, analizar cada palabra que dijo, imaginar cómo la evaluaron sus colegas, anticipar críticas que quizás nunca llegarían.

Pero hoy algo es diferente.

Elena nota el impulso familiar. Su mente intenta iniciar el bucle. "¿La introducción fue lo suficientemente clara?" aparece como pensamiento. Pero en lugar de engancharse, Elena simplemente observa. "Ah, ahí está mi mente queriendo analizar todo." Lo nota. No lo persigue.

Respira hondo. Siente sus pies en el suelo. Abre su correo y se enfoca en la siguiente tarea. El pensamiento aparece otra vez, más débil esta vez. "¿Y si no les gustó?" Elena sonríe levemente. "Puede ser. O puede que sí. Lo sabré cuando lo sepa." Y continúa trabajando.

Diez minutos después, Elena se da cuenta: no ha estado rumiando. El bucle intentó empezar, pero no prendió. Es como si el motor girara pero no arrancara. Y eso, después de años siendo overthinker, se siente como un pequeño milagro.

¿Qué cambió? Elena no eliminó su tendencia a pensar demasiado. Pero entrenó una respuesta diferente. Practicó durante tres meses. Y su cerebro aprendió un patrón nuevo.

Este capítulo te enseña cómo hacer exactamente eso. No se trata de técnicas de emergencia para cortar bucles activos. Se trata de entrenamiento constante para que esos bucles aparezcan cada vez menos, con menor intensidad y duración. Es el trabajo profundo. El que cambia tu mente no solo por un día, sino por años.

CÓMO TU CEREBRO APRENDE A RUMIAR (Y PUEDE DESAPRENDERLO)

Aquí está la verdad que cambia todo: el overthinking no es un rasgo fijo de tu personalidad. No naciste overthinker. Lo aprendiste. Y lo que se aprende puede desaprenderse.

Entender cómo se forman los patrones mentales es fundamental porque te quita la carga de pensar "así soy yo" y te da la claridad de "así he entrenado mi mente, y puedo entrenarla diferente".

El circuito de tres pasos

Los hábitos mentales, incluido el overthinking, se forman siguiendo un circuito básico de tres componentes:

Paso 1: Disparador. Algo sucede (externo o interno) que activa tu atención. Puede ser un mensaje ambiguo, una sensación física inusual, un recuerdo que surge, una situación social incierta. El disparador no causa directamente el overthinking. Solo abre la puerta.

Paso 2: Respuesta habitual. Aquí es donde tu cerebro aplica el patrón aprendido. Si has entrenado durante años que ante incertidumbre debes analizar exhaustivamente, tu mente automáticamente empieza a rumiar. Si aprendiste que ante un error debes castigarte mentalmente, tu crítico interno se activa. Esta respuesta se siente automática porque lo es. Es tu default setting actual.

Paso 3: Consecuencia percibida. Después de rumiar, tu cerebro evalúa si "funcionó". Aquí está la trampa: el overthinking a menudo proporciona una falsa sensación de control o preparación. "Si analizo todo, estaré listo." "Si anticipo lo peor, no me tomará por sorpresa." Esa sensación, aunque sea ilusoria, refuerza el hábito. Tu cerebro piensa: "Esto me ayuda", y la próxima vez que aparezca un disparador similar, aplicará la misma respuesta.

Este circuito se fortalece con la repetición. Cada vez que sigues el mismo patrón (disparador → rumiación → falsa sensación de control), construyes y fortaleces esa vía neural. Es como caminar por el mismo sendero en un bosque. Al principio es difícil, pero después de cientos de caminatas, el sendero se marca claramente y es el camino más fácil de seguir.

Neuroplasticidad: Tu cerebro puede cambiar

La buena noticia es que el cerebro tiene algo llamado neuroplasticidad. En términos simples, esto significa que tu cerebro puede reorganizarse, crear nuevas conexiones y debilitar las viejas a lo largo de toda tu vida. No estás condenado a los patrones que tienes hoy.

Cuando practicas una respuesta diferente ante tus disparadores (por ejemplo, observar el pensamiento sin engancharte, en lugar de analizarlo exhaustivamente), estás creando un nuevo sendero neural. Al principio, este sendero es débil. El sendero viejo (el overthinking) sigue siendo más fuerte y más accesible. Por eso las primeras semanas de práctica se sienten difíciles.

Pero con repetición constante, el nuevo sendero se fortalece y el viejo se debilita. Eventualmente, el nuevo patrón se vuelve más fácil, más automático. No ocurre de la noche a la mañana. La investigación sugiere que formar un nuevo hábito puede tomar desde varias semanas hasta meses, dependiendo de la complejidad y de cuán arraigado esté el patrón antiguo.

Lo crucial es entender esto: no estás intentando eliminar tu capacidad de pensar. Estás entrenando una relación diferente con el pensamiento. Una donde puedes elegir conscientemente cuándo profundizar en análisis y cuándo soltar.

EL PAPEL FUNDAMENTAL DE LA ATENCIÓN

Si tuvieras que elegir una sola habilidad para entrenar que transformara tu overthinking, sería esta: el control de tu atención.

Donde va tu atención, va tu experiencia. Si tu atención está secuestrada por pensamientos repetitivos sobre el pasado o el futuro, tu experiencia será de ansiedad y rumiación. Si puedes dirigir tu atención conscientemente hacia el presente, hacia tareas concretas, hacia sensaciones corporales, tu experiencia cambia radicalmente.

El problema es que la mayoría de las personas nunca han entrenado su atención. La dejan en piloto automático. Y el piloto automático, especialmente en overthinkers, tiende a dirigir la atención una y otra vez hacia lo mismo: lo que salió mal, lo que podría salir mal, qué piensan otros de ti, qué decisión deberías tomar.

La diferencia entre observar y engancharse

Hay una diferencia abismal entre:

Observar un pensamiento: "Noto que apareció el pensamiento 'Voy a fracasar'." Estás consciente del pensamiento, pero hay distancia. Eres el observador, no el pensamiento.

Engancharte con un pensamiento: "Voy a fracasar. ¿Por qué siempre me pasa esto? ¿Qué voy a hacer? ¿Y si pasa esto? ¿Y entonces qué?" Estás fusionado con el pensamiento. Ya no hay distancia. El pensamiento es tu realidad.

El entrenamiento de atención te enseña a mantenerte en modo observador más tiempo y con mayor frecuencia. No elimina los pensamientos negativos o preocupantes. Los verás aparecer. Pero en lugar de ser arrastrado automáticamente, puedes elegir: "¿Sigo este pensamiento o lo dejo pasar?"

Esta capacidad de elección es todo. Es la diferencia entre ser víctima de tu mente y ser quien dirige tu mente.

Atención flexible vs. atención rígida

Los overthinkers suelen tener atención rígida. Una vez que la atención se fija en una preocupación o análisis, queda atrapada ahí. Es difícil redirigirla voluntariamente hacia otra cosa.

El entrenamiento cultiva atención flexible. Puedes enfocar intensamente cuando es útil. Pero también puedes cambiar de foco cuando no lo es. Puedes ampliar tu atención para ver el panorama completo en lugar de solo el detalle problemático. Y puedes desengancharte de pensamientos improductivos con relativa facilidad.

Esta flexibilidad se entrena. No es algo que tienes o no tienes. Es algo que practicas hasta que se vuelve natural.

REENTRENAR TU RELACIÓN CON LOS PENSAMIENTOS

Ahora entramos en el núcleo del reentrenamiento: cambiar cómo te relacionas con lo que piensas.

Hay dos conceptos clave que debes internalizar:

Concepto 1: Los pensamientos no son hechos

Suena obvio cuando lo lees, pero en el momento del overthinking, esta distinción se borra. Si tu mente dice "Todos me están juzgando", en ese momento se siente como un hecho. Si piensas "Voy a fracasar", tu cuerpo reacciona como si ya fuera cierto.

El entrenamiento metacognitivo (pensar sobre cómo piensas) te enseña a mantener esa distinción incluso bajo presión emocional. Un pensamiento es un evento mental. Puede ser verdadero o falso. Puede ser útil o inútil. Pero no es, en sí mismo, la realidad.

Cuando aprendes esto a nivel visceral, no solo intelectual, tu relación con cada pensamiento cambia. Ya no tienes que creer todo lo que piensas. Puedes evaluarlo. Puedes dejarlo pasar. Puedes elegir en qué pensamientos invertir tu energía.

Concepto 2: No necesitas resolver cada pensamiento

Esta es la trampa más común del overthinker: creer que cada pensamiento que genera malestar debe ser resuelto mentalmente antes de poder continuar.

"¿Y si fracaso?" → Debo analizar todas las formas en que podría fracasar y preparar respuestas para cada una.

"¿Qué pensará de mí?" → Debo descifrar sus intenciones hasta tener certeza.

"¿Es esta la decisión correcta?" → Debo considerar cada variable hasta estar absolutamente seguro.

Pero muchos pensamientos no requieren resolución. Requieren tolerancia. La capacidad de sostener la incomodidad de no saber, sin colapsar en análisis infinito.

Esta es quizás la habilidad más difícil y más liberadora que puedes desarrollar: decir "No sé" y estar en paz con eso. "No sé si fracasaré. Haré mi mejor esfuerzo y veré qué pasa." "No sé qué piensa de mí. Actuaré con integridad y eso es lo que puedo controlar." "No sé si esta es la decisión perfecta. Pero es una decisión razonable, así que la tomo y sigo adelante."

El reentrenamiento te enseña que la incomodidad de la incertidumbre no es peligrosa. Es solo incomodidad. Y puedes sostenerla.

MAPA DE REENTRENAMIENTO: NUEVA RESPUESTA EN 5 PASOS

Cuando detectes que un pensamiento está intentando iniciar un bucle, usa este protocolo. No es para emergencias (para eso tienes el Capítulo 3). Es para entrenamiento diario. Para crear el nuevo patrón.

Paso 1: Detecta el disparador y el pensamiento

No necesitas hacerlo perfectamente rápido. Solo nota: "Acaba de aparecer [pensamiento específico]."

Ejemplo: "Acaba de aparecer el pensamiento: 'Mi jefe está molesto conmigo'."

Paso 2: Nombra el patrón viejo

Identifica qué harías normalmente con este pensamiento según tu patrón habitual.

Ejemplo: "Mi patrón viejo sería: analizar cada interacción reciente con mi jefe, buscar evidencia de su molestia, imaginar conversaciones difíciles, preocuparme durante horas."

Paso 3: Recuerda que es un pensamiento, no un hecho

Di mentalmente: "Esto es un pensamiento. Puede ser verdad o no. No necesito saberlo ahora."

Ejemplo: "El pensamiento 'Mi jefe está molesto' es solo eso, un pensamiento. No tengo evidencia real. Y aunque fuera cierto, puedo manejarlo cuando sea necesario."

Paso 4: Evalúa si requiere acción

Pregunta: "¿Hay algo concreto que pueda y deba hacer sobre esto ahora?"

Si sí: Define esa acción. Hazla o agéndala. Luego suelta el pensamiento.

Si no: Reconoce que no hay acción útil disponible ahora. Permítete no resolver mentalmente lo que no se puede resolver pensando.

Paso 5: Redirige atención deliberadamente

Elige activamente dónde poner tu atención ahora. No dejes un vacío. Opciones:

- Tarea presente concreta
- Respiración por 5 ciclos
- Sensaciones corporales
- Conversación con alguien
- Actividad física

El objetivo no es suprimir el pensamiento. Es practicar una respuesta diferente: observar, evaluar, soltar si no hay acción, redirigir. Con repetición, esta se vuelve tu nueva respuesta automática.

CUATRO HERRAMIENTAS DE REENTRENAMIENTO

Estas prácticas no son para usar una vez y olvidar. Son para integrar en tu rutina durante semanas o meses. Son el entrenamiento real.

Herramienta 1: Observación consciente matutina (5 minutos diarios)

Esta práctica entrena tu capacidad básica de observar pensamientos sin engancharte.

Cómo hacerlo:

Cada mañana, antes de revisar tu teléfono o empezar actividades, siéntate en un lugar tranquilo. Pon un temporizador de 5 minutos.

Cierra los ojos o mira un punto fijo. Simplemente observa qué pensamientos aparecen. No intentes controlarlos ni cambiarlos. Solo nota.

Cuando aparezca un pensamiento, etiquétalo mentalmente de manera neutral:

- "Pensamiento sobre trabajo"
- "Preocupación sobre dinero"
- "Recuerdo del pasado"
- "Planificación del día"

Luego regresa tu atención a tu respiración. Espera al siguiente pensamiento. Repite.

No es meditación profunda. Es entrenamiento de observación. Estás practicando detectar pensamientos como eventos que pasan, no como realidades que te consumen.

Por qué funciona:
Estás construyendo el músculo de la metacognición. Cada mañana, refuerzas: "Yo no soy mis pensamientos. Yo soy quien los observa." Con práctica diaria, esta perspectiva se vuelve más accesible durante el día, incluso en momentos de estrés.

Herramienta 2: Escritura metacognitiva (10 minutos, 3 veces por semana)

Esta práctica entrena tu capacidad de analizar tus propios patrones mentales desde fuera.

Cómo hacerlo:
Tres veces por semana, toma 10 minutos para escribir en un diario siguiendo este formato:

Situación que disparó overthinking: [Describe brevemente qué pasó]

Pensamientos que aparecieron: [Lista los pensamientos principales sin editarlos]

Patrón que identifiqué: [¿Es catastrofización? ¿Lectura de mente? ¿Perfeccionismo? ¿Búsqueda de aprobación?]

Distorsiones o suposiciones: [¿Qué estoy asumiendo sin evidencia? ¿Qué estoy exagerando?]

Perspectiva alternativa: [Si un amigo tuviera estos pensamientos, ¿qué le diría?]

Acción que tomé o puedo tomar: [¿Hay algo concreto y útil que hacer? Si no, ¿cómo voy a soltar esto?]

Por qué funciona:
Escribir crea distancia automática. Es casi imposible escribir "Soy un fracaso" sin empezar a ver que es un pensamiento, no un hecho. La estructura te obliga a analizar tu proceso mental, no solo el contenido. Con repetición, empiezas a hacer este análisis mentalmente, en tiempo real.

Herramienta 3: Micro-exposiciones a la incertidumbre (diarias)

El overthinking se alimenta de la intolerancia a la incertidumbre. Esta práctica entrena tu capacidad de tolerar no saber.

Cómo hacerlo:

Cada día, busca deliberadamente una micro-oportunidad para practicar incertidumbre. Ejemplos:

Nivel básico:

- Envía un mensaje y no revises inmediatamente si lo leyeron
- Toma una decisión pequeña (qué comer, qué ver) en 30 segundos sin más análisis
- Deja una conversación sin resolver cada detalle ambiguo

Nivel intermedio:

- Haz una pregunta en una reunión sin ensayarla mentalmente antes
- Comparte una opinión en redes sin verificar obsesivamente las reacciones
- Toma una ruta diferente al trabajo sin planificarla en detalle

Nivel avanzado:

- Haz un plan importante con información incompleta
- Inicia un proyecto sin tener perfectamente claro cada paso
- Ten una conversación difícil sin script mental preparado

Después de cada micro-exposición, nota: "Toleré la incertidumbre. No colapsé. Sigo aquí."

Por qué funciona:

Como con cualquier miedo, la exposición gradual reduce su poder. Cada vez que toleras no saber y sobrevives sin rumiar, tu cerebro aprende: "La incertidumbre es incómoda, pero manejable." Con el tiempo, tu umbral de tolerancia aumenta dramáticamente.

Herramienta 4: Entrenamiento atencional con tarea aburrida (15 minutos, 4 veces por semana)

Esta práctica entrena tu capacidad de mantener atención voluntaria incluso cuando tu mente quiere divagar.

Cómo hacerlo:

Elige una tarea simple, repetitiva y levemente aburrida. Ejemplos:

- Contar respiraciones hasta 100
- Seguir el segundero de un reloj durante 10 minutos sin perder la cuenta
- Clasificar objetos pequeños por color o tamaño
- Copiar un texto a mano palabra por palabra

La tarea debe ser suficientemente aburrida que tu mente querrá irse a otro lado, pero suficientemente simple que puedas regresar tu atención cuando notes que divagó.

Reglas:

- Cada vez que notes que tu mente divagó, no te frustres
- Simplemente nota: "La mente divagó"
- Regresa tu atención a la tarea
- Repite esto cada vez que sea necesario

Cuenta cuántas veces tu mente divaga. Con práctica semanal, verás que el número disminuye. Tu atención se vuelve más estable.

Por qué funciona:

Estás fortaleciendo literalmente tu capacidad de control atencional. Es como hacer flexiones para la atención. No es entretenido, pero es efectivo. Después de semanas de práctica, notarás que durante el día puedes redirigir tu atención con menos esfuerzo, incluso cuando tu mente insiste en rumiar.

DOS HISTORIAS DE REENTRENAMIENTO

Para que veas cómo este trabajo se manifiesta en la vida real, aquí están dos casos de personas que entrenaron sistemáticamente durante meses.

Caso 1: Roberto y las reuniones de trabajo

Roberto, gerente de operaciones de 41 años, tenía un patrón fijo: después de cada reunión importante, su mente reproducía la reunión completa. "¿Dije algo incorrecto? ¿Me vieron nervioso? ¿Esa respuesta fue adecuada?" Podía estar rumiando durante horas, a veces días.

Mes 1 de entrenamiento:

Roberto empezó con la observación matutina de 5 minutos. Los primeros días fueron difíciles. Su mente saltaba constantemente de pensamiento en pensamiento. Pero persistió.

También aplicó el mapa de reentrenamiento después de reuniones. La primera semana falló más de lo que tuvo éxito. Detectaba el bucle pero igual se enganchaba. Pero cada vez que lograba aplicar el protocolo (detectar, nombrar patrón, recordar que es pensamiento, evaluar acción, redirigir), lo anotaba como victoria pequeña.

Mes 2:
Roberto integró la escritura metacognitiva. Tres veces por semana, después de notar overthinking sobre una reunión, escribía siguiendo el formato. Al escribir, veía con claridad: "Estoy leyendo mentes. No tengo evidencia de que pensaron mal de mí. Estoy magnificando un pequeño titubeo en mi respuesta."

Esta perspectiva escrita empezó a aparecer mentalmente durante el día. Podía detectar sus distorsiones más rápido.

Mes 3:
Roberto agregó micro-exposiciones. Dejó de revisar obsesivamente correos después de enviarlos. Hizo preguntas en reuniones sin ensayar mentalmente cada palabra primero. Cada vez que sentía la urgencia de analizar exhaustivamente y elegía no hacerlo, reforzaba su nuevo patrón.

Para el tercer mes, Roberto notó algo sorprendente: después de una reunión, el impulso de rumiar aparecía, pero era más débil y más breve. Podía redirigir su atención en minutos, no en horas. Y algunas reuniones terminaban sin que el impulso apareciera en absoluto.

Roberto no cambió su personalidad. Sigue siendo analítico y cuidadoso. Pero cambió su respuesta ante la incertidumbre. Ya no necesita resolver mentalmente cada ambigüedad social para poder continuar su día.

Caso 2: Valeria y las decisiones familiares

Valeria, 34 años, madre de un niño de 6, vivía en parálisis constante ante decisiones sobre su hijo. "¿Lo cambio de escuela? ¿Le permito más pantalla? ¿Debí ser más firme con eso?" Cada decisión, por pequeña que fuera, desencadenaba análisis infinito.

Mes 1 de entrenamiento:
Valeria empezó con la escritura metacognitiva enfocada en decisiones de crianza. Al escribir, identificó su patrón central: "Creo que existe una decisión perfecta, y si no la encuentro, estoy fallando como madre."

Esta claridad fue reveladora. Podía ver cómo su búsqueda de la decisión perfecta la paralizaba y, paradójicamente, la hacía menos efectiva como madre porque vivía en ansiedad constante.

Mes 2:
Valeria integró micro-exposiciones específicas a decisiones imperfectas. Empezó con decisiones pequeñas: qué preparar de cena (30 segundos para decidir, sin más análisis), qué actividad hacer con su hijo (elegir rápido sin comparar con lo que "deberían" hacer). Cada vez que tomaba una decisión imperfecta y seguía adelante, su cerebro aprendía: "Las decisiones imperfectas no son catastróficas."

Mes 3:
Valeria añadió el entrenamiento atencional. Cuando se encontraba rumiando sobre una decisión de crianza, aplicaba el protocolo: detectar,

recordar que es pensamiento, evaluar si hay acción útil ahora. Si no había acción, deliberadamente redirigía su atención a estar presente con su hijo.

Para el mes tres, Valeria describió el cambio así: "Sigo teniendo dudas sobre mis decisiones. Pero ya no me paralizan. Puedo tomar decisiones razonables y seguir adelante. Y cuando aparece la duda después, puedo decirle a mi mente: 'Gracias, ya decidí. Siguiente.' Y funciona."

Lo más importante: Valeria notó que su ansiedad disminuida la hacía una madre más presente y relajada. Su hijo también parecía más tranquilo. El overthinking no solo la afectaba a ella, afectaba la dinámica completa de su familia. Y al cambiar su patrón, cambió todo el sistema.

PRACTICA: TRES EJERCICIOS PROGRESIVOS

Estos ejercicios están diseñados para construirse uno sobre otro. Hazlos en orden y con consistencia.

Ejercicio 1: Diario de atención diario (5 minutos)

Objetivo: Entrenar tu capacidad de detectar cuándo y dónde está tu atención.
Cómo hacerlo:
Tres veces al día (mañana, tarde, noche), toma 90 segundos para responder estas preguntas en una nota:
Check-in de atención:

1. En este momento, ¿dónde estaba mi atención en los últimos 10 minutos?

- ¿En tarea presente?
    - ¿En preocupación sobre futuro?
    - ¿En análisis de pasado?
    - ¿En juicio sobre mí o sobre otros?

2. ¿Mi atención estaba donde yo quería que estuviera?

- Sí / No

3. Si no, ¿qué pensamiento secuestró mi atención?

- [Anota brevemente]

No necesitas hacer nada con esta información todavía. Solo estás entrenando tu capacidad de notar dónde está tu atención. La mayoría de las personas nunca han observado esto conscientemente.

Después de una semana de este diario, tendrás un mapa claro de tus patrones atencionales. Verás cuándo y sobre qué temas tu atención tiende a ser secuestrada.

Ejercicio 2: Práctica de desenganche (10 minutos, 5 veces por semana)

Objetivo: Entrenar tu capacidad de desengancharte voluntariamente de un pensamiento.

Cómo hacerlo:
Pon un temporizador de 10 minutos. Siéntate cómodamente.

Minutos 0-3: Deliberadamente piensa en algo que normalmente te genera overthinking leve (no tu peor miedo, algo moderado). Permite que tu mente desarrolle el pensamiento. Deja que el bucle empiece.

Minutos 3-4: Ahora practica desenganche. Usa una de estas técnicas:

- Reformula: "Estoy teniendo el pensamiento de que [X]"
- Visualiza: Coloca el pensamiento en una hoja que flota en un río y observa cómo se aleja
- Etiqueta: "Pensamiento de preocupación" y nada más

Minutos 4-10: Redirige tu atención a tu respiración. Cuenta 10 ciclos completos de respiración. Cada vez que el pensamiento regrese (y lo hará), reconócelo brevemente ("Ahí está otra vez") y regresa a la respiración.

No esperes que el pensamiento desaparezca completamente. Lo que estás entrenando es tu capacidad de desengancharte y redirigir, aunque el pensamiento siga apareciendo de fondo.

Después de 5 sesiones, notarás que el desenganche se siente menos forzado. Tu mente aprende que puede soltar incluso cuando el pensamiento insiste.

Ejercicio 3: Plan personal de reentrenamiento (reflexión escrita - 30 minutos)

Objetivo: Crear tu protocolo personalizado basado en tus patrones específicos.

Cómo hacerlo:
Toma 30 minutos sin interrupciones. Responde estas preguntas en un documento:

MI PATRÓN DOMINANTE

Basándome en lo que he observado, mi patrón de overthinking dominante es: [Perfeccionista / Catastrofista / Buscador de aprobación / Analista paralizado]

Las situaciones que más frecuentemente disparan mi overthinking son:

1. [Situación específica]
2. [Situación específica]
3. [Situación específica]

MI RESPUESTA ACTUAL

Cuando aparece uno de mis disparadores, mi respuesta actual típica es: [Describe tu patrón con detalle: qué haces, cuánto tiempo dura, cómo te sientes después]

Esta respuesta me sirve en: [¿Hay algo positivo que obtienes de ella?]
Esta respuesta me limita en: [¿Qué precio pagas?]

MI NUEVA RESPUESTA ENTRENADA

La nueva respuesta que quiero entrenar es: [Describe específicamente qué harías diferente cuando aparezca el disparador]

Las herramientas de este capítulo que aplicaré son:

1. [Herramienta específica] - [Frecuencia: cuándo y cuántas veces]
2. [Herramienta específica] - [Frecuencia]
3. [Herramienta específica] - [Frecuencia]

MI COMPROMISO DE 30 DÍAS

Durante los próximos 30 días, me comprometo a:

- Practicar [ejercicio 1] diariamente
- Practicar [ejercicio 2] [X] veces por semana
- Aplicar el mapa de reentrenamiento cada vez que detecte [mi disparador principal]
- Revisar mi progreso cada domingo por [cantidad de tiempo]

CÓMO MEDIRÉ PROGRESO

Sabré que estoy progresando cuando note:

- [Señal observable específica, ej: "Puedo redirigir mi atención en menos de 5 minutos"]
- [Señal observable, ej: "Paso días completos sin rumiar sobre trabajo"]
- [Señal observable, ej: "Tomo decisiones sin paralizarme por días"]

Si después de 30 días no veo progreso, ajustaré mi plan así: [Describe qué harías diferente]

Guarda este documento. Es tu contrato contigo mismo. Revísalo semanalmente. Ajústalo si es necesario. Pero sobre todo, síguelo.

EL PODER ACUMULATIVO DEL ENTRENAMIENTO

Has llegado al final de este capítulo con una comprensión que cambia todo: el overthinking no es quién eres. Es cómo has entrenado tu mente. Y con entrenamiento deliberado y constante, puedes cambiar ese patrón.

Entiendes ahora cómo se forman los hábitos mentales. El circuito de disparador, respuesta y consecuencia percibida. Y cómo cada repetición fortalece el patrón, pero también cómo cada vez que practicas una respuesta diferente, debilitas el patrón viejo y fortaleces uno nuevo.

Comprendes el papel central de la atención. Que donde va tu atención, va tu experiencia. Que el overthinking no es tener pensamientos negativos (todos los tenemos), sino no poder redirigir la atención cuando esos pensamientos aparecen. Y que esa capacidad de redirigir se entrena, no se tiene o no se tiene.

Conoces el principio fundamental del reentrenamiento: cambiar tu relación con los pensamientos, no eliminar los pensamientos. Ver que los pensamientos no son hechos. Aceptar que no necesitas resolver mentalmente cada pensamiento. Desarrollar tolerancia a la incertidumbre.

Tienes un mapa de cinco pasos para practicar una nueva respuesta cuando aparecen tus disparadores. Tienes cuatro herramientas de reentrenamiento para práctica constante. Has visto cómo Roberto y Valeria aplicaron este entrenamiento durante meses y transformaron sus patrones. Y tienes tres ejercicios progresivos que puedes empezar hoy.

Pero toda esta información no vale nada sin práctica sostenida. Y aquí necesito ser completamente honesto contigo: este trabajo es lento. No verás resultados dramáticos en una semana. Probablemente no en dos semanas. Los cambios serán graduales, sutiles al principio.

En las primeras semanas, aplicarás las herramientas y sentirás que nada cambia. Tu mente seguirá en bucle. Seguirás sintiendo la urgencia de analizar exhaustivamente. Dudarás si esto funciona. Esto es completamente normal. Estás en la fase donde el sendero nuevo es débil y el viejo sigue siendo fuerte.

Pero si persistes, si practicas con consistencia aunque no veas resultados inmediatos, algo empezará a cambiar alrededor de la semana cuatro o cinco. Notarás un momento donde aplicaste una herramienta y funcionó más fácilmente. Un día donde un disparador que normalmente te tiraba en bucle por horas solo te afectó por minutos. Una situación donde pudiste soltar un pensamiento sin resolver toda la incertidumbre.

Esos momentos son oro. Son evidencia de que el nuevo patrón se está formando. Y cada vez que los experimentes, celebra. Porque estás viendo tu neuroplasticidad en acción.

Para el mes tres, si has sido consistente, el cambio será más evidente. No es que el overthinking desaparezca completamente. Pero su frecuencia, intensidad y duración habrán disminuido significativamente. Y lo más importante: tendrás confianza en tu capacidad de manejarlo cuando aparezca.

El reentrenamiento mental no es un evento. Es un proceso continuo. Incluso después de meses de práctica, habrá días donde el patrón viejo regrese con fuerza, especialmente bajo estrés alto. No te desanimes cuando eso pase. No significa que fallaste. Significa que eres humano y que los patrones antiguos tienen inercia.

Cuando tengas un día difícil, simplemente regresa a las prácticas. No como castigo, sino como apoyo. Cada vez que regresas, refuerzas tu compromiso y tu nuevo patrón.

En el próximo capítulo abordaremos algo que complementa perfectamente el reentrenamiento mental: la regulación emocional y la conexión con tu cuerpo. Porque el overthinking no solo vive en la mente. También se manifiesta como tensión física, como activación del sistema nervioso, como desconexión de las señales corporales. Aprenderás a integrar cuerpo y mente en tu trabajo de transformación.

Pero por ahora, tómate un momento para reconocer lo que has logrado. Has dado un paso profundo hacia la maestría de tu propia mente. No como control rígido, sino como guía consciente. No como supresión, sino como sabiduría sobre cuándo pensar profundamente y cuándo soltar.

Tu mente puede cambiar. Está cambiando ahora mismo, con cada línea que lees, con cada práctica que harás. La libertad del overthinking no es un destino lejano. Es un camino que recorres paso a paso, práctica a práctica, día a día.

Y cada paso cuenta. Continúa.

CAPÍTULO 5
TU CUERPO TAMBIÉN PIENSA

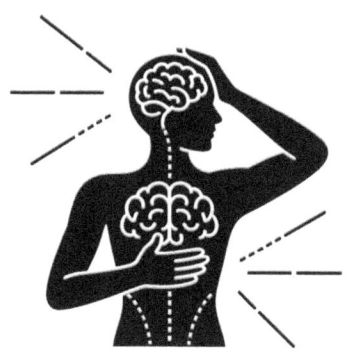

ANTES DE LAS PALABRAS

Gabriela se despierta a las 6:15 AM. Su alarma no ha sonado todavía. Algo la despertó. Pero no fue un pensamiento. Fue su cuerpo.

Su corazón está acelerado. Siente presión en el pecho. Sus manos están ligeramente tensas. Su mandíbula apretada. Hay una sensación difusa de alerta en todo su sistema, como si estuviera en peligro, aunque esté acostada en su cama, segura, sin amenaza visible.

Durante los primeros segundos, Gabriela no tiene pensamientos específicos. Solo tiene sensaciones. Pero su mente, entrenada durante años, rápidamente empieza a buscar explicaciones: "¿Qué me preocupa? ¿Qué olvidé hacer? ¿Qué podría salir mal hoy?"

Y ahí empieza. En menos de un minuto, su mente encuentra material: la presentación de mañana, la conversación pendiente con su hermana, la decisión sobre el cambio de trabajo. Los pensamientos se aceleran. El cuerpo, que ya estaba activado, se activa aún más. Y el bucle se cierra.

Pero aquí está lo crucial que Gabriela no ve todavía: el overthinking no empezó en su mente. Empezó en su cuerpo.

Su sistema nervioso se activó primero, quizás por sueño fragmentado, quizás por estrés acumulado de días previos, quizás por un sueño que no recuerda. Y su mente, al detectar esa activación corporal, hizo lo que las mentes entrenadas en overthinking hacen: buscó razones, creó narrativas, encontró problemas que "justificaran" esa sensación de alarma.

Este capítulo te enseña algo que cambiará radicalmente cómo abordas el overthinking: tu cuerpo no es solo el escenario donde ocurre la rumiación. Es parte activa del proceso. Y regular tu cuerpo no es un complemento opcional al trabajo mental. Es, a menudo, el camino más directo para silenciar el ruido.

LA CONVERSACIÓN CONTINUA ENTRE CUERPO Y MENTE

Solemos pensar que funciona así: primero pienso algo, luego mi cuerpo reacciona. "Pienso que voy a fracasar" → siento ansiedad en el pecho. "Pienso que hice algo mal" → siento tensión en los hombros.

Pero la realidad es mucho más compleja y bidireccional. Tu cuerpo y tu mente están en conversación constante. Y muchas veces, el cuerpo habla primero.

Tu sistema nervioso está constantemente evaluando tu entorno y tu estado interno en busca de señales de peligro o seguridad. Esta evaluación ocurre mayormente fuera de tu conciencia. Cuando tu sistema nervioso detecta algo que interpreta como amenaza (real o percibida), activa una cascada de respuestas fisiológicas: acelera tu corazón, tensa tus músculos, libera hormonas de estrés, redirige flujo sanguíneo.

Todo esto puede pasar en segundos, antes de que tengas un pensamiento consciente sobre qué te preocupa.

Luego, tu mente consciente nota estas sensaciones corporales y, como buena máquina de crear sentido, empieza a buscar explicaciones. "¿Por qué me siento así? Debe ser por X. O por Y. ¿Y si es por Z?" Y el overthinking comienza.

Pero aquí está el punto crucial: si tu cuerpo ya está en modo de alerta, tu mente estará predispuesta a encontrar problemas, anticipar catástrofes y rumiar. Un cuerpo activado crea un filtro mental negativo. Las mismas situaciones que manejarías con calma cuando tu sistema nervioso está regulado, se sienten abrumadoras cuando tu cuerpo está en estado de alerta.

El bucle de activación

Así es como funciona el círculo vicioso:

1. Tu sistema nervioso se activa (por estrés acumulado, sueño pobre, cafeína, situación percibida como amenazante).

2. Tu cuerpo genera sensaciones de alerta: corazón acelerado, tensión muscular, respiración superficial, sensación de inquietud.

3. Tu mente consciente detecta estas sensaciones y busca explicaciones.

4. Empiezas a pensar sobre posibles problemas, a anticipar escenarios negativos, a analizar situaciones ambiguas de forma pesimista.

5. Estos pensamientos ansiosos activan aún más tu sistema nervioso.

6. Tu cuerpo se activa más. Tu mente se acelera más. El bucle se fortalece.

La buena noticia es que puedes interrumpir este bucle desde el lado corporal. Y a menudo, es más eficaz que intentar interrumpirlo solo desde el lado mental.

LAS EMOCIONES QUE ALIMENTAN EL OVERTHINKING

El overthinking rara vez ocurre en vacío emocional. Casi siempre hay emociones difíciles involucradas. Ansiedad, miedo, culpa, vergüenza, tristeza. Estas emociones tienen componentes corporales muy fuertes. Y la forma en que te relaciones con ellas determina cuánto overthinking experimentarás.

Ansiedad: La precursora constante

La ansiedad es la emoción más directamente ligada al overthinking. Es anticipación de amenaza futura. Y su sensación corporal es inconfundible: opresión en el pecho, estómago revuelto, inquietud motora, dificultad para respirar profundamente.

Cuando sientes ansiedad, tu primer instinto suele ser intentar pensar para salir de ella. "Si analizo la situación lo suficiente, encontraré una solución y la ansiedad desaparecerá." Pero lo que suele pasar es lo contrario. Cuanto más analizas desde un estado de ansiedad, más combustible le das al fuego.

Culpa: El bucle de auto-castigo

La culpa tiene una cualidad corporal pesada. Sensación de hundimiento en el pecho, hombros caídos, mirada hacia abajo. Y mentalmente, la culpa genera un tipo específico de overthinking: la repetición infinita de lo que hiciste mal, lo que deberías haber hecho diferente, cómo decepcionaste a otros.

El overthinking sobre culpa no te hace más responsable. Solo te hace más miserable. Y paradójicamente, te paraliza para tomar acción reparadora real.

Vergüenza: El deseo de esconderse

La vergüenza es una de las emociones más dolorosas. Corporalmente, genera calor en el rostro, ganas de esconderse, sensación de exposición. Y mentalmente, genera overthinking obsesivo sobre cómo te vieron otros, qué pensaron de ti, si te juzgaron.

La vergüenza no resuelta se convierte en rumiación social crónica. Cada interacción se analiza en busca de evidencia de rechazo o desaprobación.

Miedo: La búsqueda de certeza imposible

El miedo, como emoción básica de supervivencia, tiene señales corporales claras: músculos tensos listos para actuar, respiración rápida, pupilas dilatadas, hipervigilancia. Y genera overthinking de tipo catastrófico: anticipación de los peores escenarios posibles, búsqueda obsesiva de certeza sobre el futuro.

La trampa de la evitación emocional

Aquí está el patrón destructivo: sientes una emoción difícil. No quieres sentirla (porque es incómoda). Entonces intentas pensar para salir de ella, para resolverla mentalmente, para encontrar certeza que calme la emoción.

Pero evitar sentir una emoción a través del pensamiento no la disuelve. La mantiene activa. Es como intentar apagar un incendio echándole más leña, solo que la leña son pensamientos.

La única forma de que una emoción se complete y se disuelva naturalmente es permitirle existir, sentirla en el cuerpo sin resistencia, sin intentar razonarla o analizarla. Las emociones tienen un ciclo natural. Si las dejas ser sin engancharte mentalmente a ellas, suelen durar solo unos minutos antes de empezar a disminuir.

Pero si las evitas pensando sobre ellas, pueden durar horas, días, semanas.

REGULACIÓN ANTES QUE ANÁLISIS

Este es uno de los principios más importantes de todo el libro: cuando tu cuerpo está activado y tus emociones están elevadas, intentar pensar racionalmente es casi inútil. No porque seas irracional, sino porque tu cerebro no tiene acceso completo a sus funciones superiores cuando el sistema nervioso está en modo de amenaza.

Primero regula. Luego piensa.

Cuando tu corazón está acelerado, cuando sientes un nudo en el estómago, cuando tu respiración es superficial, tu prioridad número uno no es analizar el problema. Es calmar tu sistema nervioso. Porque desde un estado corporal regulado, todo se ve diferente. Los mismos problemas que parecían insolubles cuando estabas activado, se vuelven manejables cuando estás calmado.

Por qué la regulación funciona

Cuando calmas tu cuerpo, varias cosas pasan simultáneamente:

Tu cerebro recupera acceso a funciones ejecutivas. Las áreas responsables de pensamiento claro, toma de decisiones y perspectiva se vuelven más accesibles.

Tu filtro mental cambia. Un sistema nervioso regulado te permite ver opciones, recursos y posibilidades que un sistema activado no puede ver.

Tus emociones se vuelven más manejables. No desaparecen, pero pierden su urgencia abrumadora.

Tu capacidad de acción mejora. Puedes tomar decisiones y pasos concretos en lugar de quedar paralizado en análisis.

La regulación no es evitación. Es crear las condiciones internas para que puedas abordar tus problemas reales desde un lugar de mayor recursos.

MAPA DE REGULACIÓN: DE ACTIVACIÓN A CALMA

Cuando notes que tu cuerpo está activado y tu mente empezando a rumiar, usa este protocolo de cinco pasos. No intentes pensar para salir de la activación. Regula primero.

Paso 1: Detecta la activación corporal

Antes de intentar cambiar algo, nota lo que está pasando en tu cuerpo. Pregunta: "¿Qué sensaciones físicas estoy experimentando ahora?"

Ejemplos de respuestas:

- Corazón acelerado
- Respiración superficial o rápida
- Tensión en hombros, mandíbula, cuello
- Estómago apretado o revuelto
- Inquietud motora, ganas de moverte
- Calor en el rostro
- Sensación de opresión en el pecho

Solo detecta. No juzgues. No intentes cambiar todavía.

Paso 2: Nombra la emoción (si es clara)

Si puedes identificar una emoción específica, nómbrala mentalmente. "Esto es ansiedad." "Esto es vergüenza." "Esto es miedo."

Nombrar una emoción crea distancia automática y activa áreas del cerebro que ayudan a regularla. Pero si no estás seguro de qué emoción es, está bien. Solo reconoce: "Estoy sintiendo algo intenso."

Paso 3: Elige una herramienta de regulación

Basándote en tu contexto y qué es accesible ahora, elige una herramienta corporal (verás 4 herramientas completas en la siguiente sección).

Opciones rápidas:

- Respiración reguladora (2-3 minutos)
- Grounding sensorial (3-5 minutos)
- Movimiento breve (5 minutos)
- Contacto reconfortante (1-2 minutos)

Paso 4: Aplica la herramienta completamente

No hagas la práctica a medias. Si elegiste respiración, completa los ciclos que te propones. Si elegiste movimiento, hazlo por el tiempo completo. La regulación requiere seguimiento del protocolo.

Paso 5: Reevalúa tu estado

Después de aplicar la herramienta, vuelve a chequear tu cuerpo.

Pregunta: "¿Mi sistema nervioso está más calmado que hace 5 minutos?"

No necesitas estar perfectamente calmado. Busca una reducción de intensidad aunque sea del 20-30%. Si sientes alguna disminución de activación, continúa con tu día o repite la herramienta si es necesario.

Si no sientes ningún cambio, prueba una herramienta diferente o prolonga el tiempo. A veces un sistema muy activado necesita más de una ronda de regulación.

CUATRO HERRAMIENTAS DE REGULACIÓN CORPORAL

Estas prácticas están diseñadas para calmar tu sistema nervioso directamente. Son seguras, accesibles y basadas en principios de regulación emocional validados.

Herramienta 1: Respiración reguladora (caja de respiración)

Esta técnica equilibra tu sistema nervioso activando la respuesta de calma.

Cómo hacerla:
Siéntate o párate cómodamente. Pon una mano en tu abdomen si te ayuda a sentir tu respiración.

El patrón:

- Inhala por la nariz contando hasta 4
- Retén el aire contando hasta 4
- Exhala por la boca contando hasta 4
- Pausa (sin aire) contando hasta 4

Repite este ciclo completo 5 veces mínimo (toma unos 2 minutos).

Ajustes si necesitas: Si contar hasta 4 es incómodo, usa 3. Lo importante no es el número exacto sino el ritmo uniforme y la exhalación completa.

Por qué funciona:
La exhalación prolongada y la retención después de exhalar activan específicamente tu nervio vago, que es el interruptor principal de tu respuesta de calma. No estás solo "respirando profundo". Estás usando tu respiración para enviarle a tu cerebro la señal: "Estamos seguros."

Herramienta 2: Grounding sensorial (5-4-3-2-1 adaptado)

Esta práctica te ancla en el momento presente a través de tus sentidos, interrumpiendo la desconexión que suele acompañar al overthinking emocional.

Cómo hacerla:
Di en voz alta (o mentalmente si estás en público):

5 cosas que VES: Nombra objetos específicos. "Veo una silla azul. Veo una planta. Veo una grieta en la pared. Veo mi taza. Veo luz en la ventana."

4 cosas que TOCAS: Siente texturas o sensaciones. "Siento la tela de mi pantalón. Siento el suelo bajo mis pies. Siento el aire en mi cara. Siento mis manos una contra otra."

3 cosas que OYES: Escucha sonidos presentes. "Oigo el tráfico afuera. Oigo mi propia respiración. Oigo el zumbido del refrigerador."

2 cosas que HUELES: Si hay olores disponibles. Si no, imagina dos olores que te agraden. "Huelo el café. Huelo mi piel."

1 cosa que SABOREAS: Nota cualquier sabor en tu boca o imagina uno agradable.

Por qué funciona:

Tu cerebro no puede estar completamente en rumiación ansiosa y simultáneamente prestando atención activa a información sensorial del presente. Esta técnica no solo distrae, reorienta tu sistema nervioso hacia "modo exploración" en lugar de "modo amenaza".

Herramienta 3: Movimiento liberador de 5 minutos

El overthinking suele venir con energía atrapada en el cuerpo. El movimiento la libera físicamente.

Cómo hacerlo:

Tienes opciones según tu contexto y preferencia:

Opción A: Sacudida completa

- Párate con espacio a tu alrededor
- Empieza sacudiendo suavemente tus manos durante 30 segundos
- Añade sacudida de brazos
- Añade sacudida de piernas (pequeños saltos o marcha en el lugar)
- Sacude todo tu cuerpo por 2-3 minutos
- Termina gradualmente, volviendo a la quietud

Opción B: Caminata consciente

- Sal a caminar 5-10 minutos (puede ser alrededor de tu casa)
- Presta atención al movimiento de tus piernas
- Nota cómo tus pies tocan el suelo
- Sincroniza tu respiración con tus pasos si te ayuda
- No escuches música ni podcasts. Solo camina y siente

Opción C: Estiramientos lentos

- Estira cuello, hombros, brazos, espalda, piernas
- Hazlo lentamente, con atención a las sensaciones
- Respira en cada estiramiento
- 5 minutos de estiramientos conscientes

Por qué funciona:

El movimiento físico metaboliza hormonas de estrés que se acumulan en tu sistema. También te reconecta con tu cuerpo como algo vivo y capaz, no solo como un contenedor incómodo de emociones.

Herramienta 4: Auto-contacto reconfortante

Esta práctica usa el tacto para activar tu sistema de cuidado interno.

Cómo hacerla:

Encuentra una forma de contacto reconfortante que se sienta natural para ti:

Opciones:

- Coloca una mano sobre tu corazón, otra sobre tu abdomen. Siente el calor y el movimiento de tu respiración bajo tus manos.
- Abraza tus propios hombros o brazos, como si te dieras un abrazo.
- Coloca ambas manos sobre tu cara, cubriéndola suavemente.
- Masajea suavemente tus propias manos, dedos, palmas.
- Frota suavemente tus brazos de arriba hacia abajo.

Mantén el contacto durante 2-3 minutos. Respira naturalmente. Puedes añadir una frase interna compasiva: "Esto es difícil. Me cuido." "Estoy aquí para mí." "Puedo sostener esto."

Por qué funciona:

El tacto suave activa la liberación de oxitocina, una hormona asociada con sensación de seguridad y conexión. Le estás dando a tu sistema nervioso una señal tangible de que está siendo cuidado.

DOS HISTORIAS DE REGULACIÓN

Para que veas cómo la regulación corporal cambia la experiencia del overthinking, aquí están dos casos reales.

Caso 1: Federico y la presentación

Federico, 38 años, director de marketing, tiene una presentación importante en 3 horas. Lleva toda la mañana ensayando mentalmente. Pero algo no está funcionando. Cuanto más repasa su contenido, más ansioso se siente. Su mente empieza a rumiar: "¿Y si me trabo? ¿Y si olvido los datos clave? ¿Y si preguntan algo que no puedo responder? Todos van a notar que estoy nervioso. Esto podría arruinar mi reputación."

Su corazón está acelerado. Sus manos sudan. Siente náusea leve. Está en un bucle completo de overthinking anticipatorio.

El momento de elección:

Federico se da cuenta: "Mi cuerpo está en pánico. No voy a pensar para salir de esto." Decide aplicar regulación primero.

Lo que hizo:

Sale de su oficina. Camina rápido alrededor del edificio durante 5 minutos (Herramienta 3: Movimiento). Mientras camina, siente sus pies golpeando el pavimento, el aire en su cara. No intenta resolver nada mentalmente. Solo camina.

Después, se sienta en un banco. Aplica respiración en caja durante 3 minutos (Herramienta 1). Cuenta sus respiraciones. Siente cómo su cuerpo empieza a asentarse.

Luego, antes de volver a su oficina, usa contacto reconfortante (Herramienta 4). Coloca ambas manos sobre su pecho. Se dice: "Estoy preparado. Esto es nerviosismo normal. Puedo hacer esto."

El resultado:
Después de 10 minutos de regulación, Federico nota un cambio dramático. Su corazón sigue latiendo un poco más rápido de lo normal, pero la sensación de pánico ha disminuido notablemente. Su mente ya no está en bucle catastrófico.

Regresa a su escritorio. Revisa sus notas una vez más, pero ahora puede enfocarse. La presentación sale bien. No perfecta, pero bien. Y lo más importante: Federico aprendió que puede influir en su estado. No está a merced de su ansiedad.

Caso 2: Lucía y la culpa maternal

Lucía, 36 años, madre de dos, tuvo una mala mañana. Gritó a su hijo de 8 años porque estaban retrasados para la escuela. Lo vio llorar. Luego tuvo que llevarlo así, llorando, sin tiempo para reparar la situación.

Toda la tarde, Lucía no puede dejar de pensar: "Soy terrible madre. Le grité sin razón. Lo lastimé. ¿Qué daño le causé? ¿Recordará esto cuando sea adulto? ¿Estoy criando niños con trauma? Debí haber manejado eso diferente. Siempre pierdo el control. ¿Por qué no puedo ser más paciente?"

El overthinking de culpa es implacable. Lucía siente pesadez en su pecho, ganas de llorar, sensación de ser una mala persona.

El momento de elección:
Lucía reconoce: "Estoy en un bucle de auto-castigo. Mi cuerpo está cargado de culpa y vergüenza. Necesito regularme antes de poder hacer algo útil."

Lo que hizo:
Primero, se permite sentir. Se sienta en su habitación por un momento y llora brevemente. No intenta razonar la emoción. Solo la siente.

Luego aplica grounding sensorial (Herramienta 2). Nombra en voz baja lo que ve, siente, oye. Esto la saca del bucle mental y la ancla en el presente.

Después, usa respiración reguladora (Herramienta 1) durante 3 minutos. Siente cómo su sistema nervioso se calma gradualmente.

Finalmente, aplica auto-contacto reconfortante (Herramienta 4). Abraza sus propios hombros. Se dice: "Cometí un error esta mañana. No soy una mala madre. Soy una madre humana que tuvo un mal momento. Puedo reparar esto."

El resultado:

Después de 15 minutos, Lucía siente que puede respirar de nuevo. La culpa no ha desaparecido completamente, pero ya no está abrumándola. Puede pensar con claridad.

Decide qué hará cuando su hijo regrese de la escuela: lo abrazará, se disculpará sinceramente, explicará que los adultos también cometen errores y pierden la calma, y le preguntará qué necesita de ella para sentirse mejor.

Toma acción reparadora real en lugar de quedarse atascada en auto-castigo mental. Esa noche, la conversación con su hijo sale bien. Él acepta su disculpa. Se abrazan. Lucía aprende una lección valiosa: regular primero, actuar después.

PRACTICA: TRES NIVELES DE CONEXIÓN CUERPO-MENTE

Estos ejercicios te entrenan a reconocer las señales de tu cuerpo y a regularlas antes de que el overthinking tome control completo.

Ejercicio 1: Check-in corporal de 2 minutos (práctica diaria)

Objetivo: Entrenar tu capacidad de detectar activación corporal temprana.

Cómo hacerlo:

Tres veces al día (mañana, mediodía, noche), toma 2 minutos para hacer un escaneo rápido de tu cuerpo. Puedes hacerlo sentado o de pie.

Protocolo:

1. Cierra los ojos o baja la mirada.

2. Pregunta mentalmente: "¿Cómo está mi cuerpo ahora?"

3. Escanea de arriba hacia abajo:

- ¿Tensión en la cara, mandíbula, frente?
    - ¿Tensión en cuello, hombros?
    - ¿Sensaciones en el pecho? (opresión, apertura, peso)
    - ¿Respiración? (superficial, profunda, rápida, lenta)
    - ¿Estómago? (apretado, relajado, revuelto)
    - ¿Piernas y pies? (inquietos, pesados, tensos)

4. Califica tu nivel de activación de 1 a 10 (1 = muy calmado, 10 = muy activado).

5. Si estás en 6 o más, aplica una herramienta de regulación de 3 minutos antes de continuar tu día.

Por qué funciona:
La mayoría de las personas solo notan que su cuerpo está activado cuando ya está en 8 o 9. Este ejercicio te entrena a detectar activación en 5 o 6, cuando es mucho más fácil regularla.

Ejercicio 2: Respiración antes de transiciones (práctica diaria)

Objetivo: Usar la respiración para prevenir acumulación de activación durante el día.

Cómo hacerlo:
Antes de cada transición importante en tu día, toma 5 respiraciones conscientes.

Transiciones donde aplicar:

- Antes de revisar tu correo por primera vez en la mañana
- Antes de entrar a una reunión
- Antes de una conversación importante
- Al llegar a casa después del trabajo
- Antes de acostarte

Protocolo simple:

- Inhala por 4 segundos
- Exhala por 6 segundos
- Repite 5 veces

No necesitas hacerlo perfecto. Solo detente, respira conscientemente, luego procede con tu actividad.

Por qué funciona:
Las transiciones son puntos donde el estrés se acumula. Estos micro-momentos de regulación evitan que llegues al final del día completamente activado y propenso a overthinking nocturno.

Ejercicio 3: Diario de emoción-cuerpo-pensamiento (15 minutos, 3 veces por semana)

Objetivo: Entrenar tu capacidad de ver la conexión entre activación corporal, emoción y overthinking.

Materiales: Libreta o documento.

Cómo hacerlo:

Tres veces por semana, cuando notes que has estado rumiando, toma 15 minutos para escribir siguiendo este formato:

Situación que disparó overthinking: [Describe brevemente]

Sensaciones corporales que noté (o que noto ahora al recordar): [Lista específica: corazón acelerado, nudo en estómago, etc.]

Emoción principal: [Ansiedad, miedo, culpa, vergüenza, tristeza, enojo]

Pensamientos que aparecieron: [Lista los pensamientos principales del bucle]

¿Qué pasó primero: la emoción/sensación corporal o los pensamientos? [Tu mejor estimación]

Si hubiera regulado mi cuerpo primero, ¿cómo habría sido diferente? [Reflexión breve]

Próxima vez que sienta esto en mi cuerpo, voy a: [Qué herramienta de regulación aplicarás]

Por qué funciona:

Este ejercicio te entrena a ver el patrón completo: cuerpo, emoción y pensamiento. Con práctica, empiezas a detectar la activación corporal antes de que el overthinking se instale completamente. Y empiezas a confiar en que regular tu cuerpo es una intervención válida y poderosa.

NO ESTÁS ROTO, ESTÁS ACTIVADO

Llegamos al final de este capítulo con una comprensión fundamental que cambia todo: tu overthinking no es solo un problema de tu mente descontrolada. Es, en gran parte, la respuesta de una mente intentando darle sentido a un cuerpo que está en alerta.

Cuando tu sistema nervioso está activado, cuando tus emociones están elevadas, cuando tu cuerpo está lleno de tensión y sensaciones de amenaza, tu mente hará lo que está diseñada para hacer: buscar peligros, anticipar problemas, analizar amenazas. No porque seas defectuoso. Porque tu biología está funcionando exactamente como evolucionó para funcionar.

El problema es que en el mundo moderno, la mayoría de nuestros "peligros" no son tigres ni depredadores físicos. Son amenazas sociales, emocionales, existenciales. Cosas que no se resuelven con lucha o huida. Pero nuestro sistema nervioso no siempre distingue. Se activa igual.

Y cuando estás activado crónicamente, por estrés laboral, por relaciones conflictivas, por sueño pobre, por presión constante, tu mente queda atrapada en modo de búsqueda de amenazas. El overthinking se vuelve tu estado por defecto.

Pero ahora sabes algo crucial: puedes intervenir desde el cuerpo. No necesitas resolver todos tus problemas mentalmente para sentirte mejor. A veces, simplemente necesitas calmar tu sistema nervioso. Y desde ese lugar de mayor calma, todo cambia.

Los mismos problemas que parecían insuperables cuando tu corazón estaba acelerado y tu pecho oprimido, se vuelven manejables después de 5 minutos de respiración consciente y movimiento. No porque los problemas desaparecieran, sino porque recuperaste acceso a tus recursos internos.

Este capítulo te dio herramientas concretas. Cuatro prácticas de regulación que puedes usar en cualquier momento. Un protocolo de cinco pasos para pasar de activación a calma. Y tres ejercicios para entrenar tu capacidad de detectar y regular tu activación antes de que el overthinking tome control.

Pero más importante que las herramientas específicas es el cambio de perspectiva: tu cuerpo no es un obstáculo que superar. Es un aliado poderoso. Cuando aprendes su lenguaje, cuando aprendes a regularlo, cuando aprendes a confiar en su sabiduría, tu relación con el overthinking cambia radicalmente.

No todo se resuelve pensando. Muchas cosas se regulan sintiendo, respirando, moviéndose, descansando. Tu cuerpo sabe cosas que tu mente consciente aún no ha procesado. Escúchalo.

En el próximo capítulo abordaremos otro aspecto profundo: las creencias y reglas internas que alimentan tu overthinking. Los "deberías" y "tengo que" que operan en segundo plano. Las expectativas rígidas sobre ti mismo, sobre otros, sobre cómo debería ser la vida. Porque el overthinking no solo viene de un sistema nervioso activado. También viene de reglas mentales que te exigen certeza, perfección y control donde no son posibles.

Pero antes de avanzar, tómate un momento para respirar. Siente tu cuerpo ahora. Nota si hay tensión en algún lugar. Y si la hay, ofrécele un momento de atención amable. Quizás una respiración lenta. Quizás estirar suavemente. Quizás simplemente reconocer: "Mi cuerpo está trabajando duro. Puedo cuidarlo."

Tu cuerpo te ha traído hasta aquí. Te ha sostenido a través de todo. Merece tu respeto, tu atención y tu cuidado. Cuando lo cuidas, tu mente se calma. Y cuando tu mente se calma, tu vida se expande.

Continúa.

CAPÍTULO 6
LAS REGLAS INVISIBLES QUE ALIMENTAN EL BUCLE

LA REGLA QUE NO SABÍA QUE TENÍA

Martín lleva 45 minutos mirando un correo sin enviar. Es un mensaje simple para su cliente: una propuesta de tres opciones para resolver un problema técnico. Ha revisado cada palabra seis veces. Ha reorganizado los párrafos. Ha cambiado el tono de formal a casual y de vuelta a formal.

Y sigue sin enviarlo.

Su mente está en bucle: "¿Y si la opción que recomiendo no es la mejor? ¿Y si hay una cuarta opción que no estoy considerando? ¿Y si el cliente piensa que no analicé suficiente? ¿Y si pierdo su confianza? No puedo enviar esto hasta estar completamente seguro de que es perfecto."

Martín no lo sabe todavía, pero lo que lo tiene paralizado no es el contenido del correo. Es una regla interna que ha operado en segundo plano durante años, invisible pero férrea: "No puedo tomar decisiones ni comunicar nada hasta tener certeza absoluta de que es correcto."

Esta regla suena razonable en la superficie. ¿Quién no querría estar seguro antes de actuar? Pero en la práctica, es una trampa. Porque la certeza absoluta sobre decisiones complejas o comunicaciones importantes simplemente no existe. Y mientras Martín espera alcanzar esa certeza imposible, su mente se mantiene en análisis infinito.

Finalmente, después de una hora, su jefe pasa por su escritorio y le pregunta casualmente: "¿Ya enviaste la propuesta?" Martín siente un golpe de presión. Hace dos ajustes finales en 30 segundos y presiona enviar. El cliente responde en dos horas: "Perfecto, vamos con la opción 2. Gracias."

Todo ese análisis, toda esa angustia, toda esa parálisis, para un resultado que tomó dos horas resolver. Martín se siente aliviado pero también confundido. ¿Por qué le cuesta tanto hacer cosas que resultan simples?

La respuesta está en las reglas invisibles que gobiernan su mente. Este capítulo te ayuda a verlas, a entenderlas y a flexibilizarlas.

LAS CREENCIAS Y REGLAS QUE CONSTRUYEN TU MUNDO MENTAL

Todos operamos con un conjunto de reglas internas sobre cómo debería funcionar el mundo, cómo deberíamos actuar y qué necesitamos para estar seguros o ser aceptables. Estas reglas no están escritas en ningún lado. No las elegimos conscientemente. Pero determinan cómo interpretamos situaciones, qué nos preocupa y cuándo nuestra mente entra en overthinking.

Cómo se forman las reglas internas

Las reglas mentales se forman a lo largo de años, principalmente en la infancia y adolescencia, aunque pueden ajustarse en la adultez. Se construyen a partir de:

Experiencias tempranas: Si de niño tus padres solo te elogiaban cuando sacabas calificaciones perfectas, puedes haber desarrollado la regla: "Solo soy valioso si lo hago perfecto."

Mensajes culturales y familiares: Si creciste en un entorno donde expresar emociones negativas era mal visto, puedes haber internalizado: "No puedo mostrar debilidad ni pedir ayuda."

Eventos significativos: Si cometiste un error público que tuvo consecuencias dolorosas, tu mente puede haber creado la regla: "Debo analizar exhaustivamente cada decisión para evitar errores."

Estrategias de supervivencia: Muchas reglas empiezan como estrategias útiles en contextos específicos. "Si pienso en todos los escenarios posibles, estaré preparado" pudo haberte ayudado en un ambiente impredecible. Pero lo que funcionó en un contexto se generaliza a todos los contextos, incluso donde no es útil.

Por qué las reglas se sienten tan verdaderas

Estas reglas operan principalmente fuera de tu conciencia. No piensas "estoy aplicando mi regla número 3 ahora". Simplemente sientes urgencia, ansiedad o necesidad de analizar. La regla se activa automáticamente y tu mente empieza a trabajar bajo sus parámetros.

Se sienten verdaderas porque:

Han estado ahí toda tu vida: No conoces otra forma de operar. Es tu default setting.

Se refuerzan a sí mismas: Si tu regla es "no puedo equivocarme", cada vez que evitas un error mediante análisis exhaustivo, tu mente confirma: "Ves, funciona. Por eso debo seguir haciéndolo."

Están conectadas a emociones fuertes: Cuestionar una regla interna suele activar miedo o ansiedad. Tu mente interpreta esto como "esta regla es importante para tu supervivencia".

Pero aquí está la verdad liberadora: las reglas no son hechos. Son interpretaciones aprendidas. Y lo que se aprendió puede cuestionarse, flexibilizarse y, cuando es necesario, cambiarse.

LA NECESIDAD DE CERTEZA: EL COMBUSTIBLE DEL OVERTHINKING

Si tuvieras que identificar una sola necesidad que alimenta más overthinking que cualquier otra, sería esta: la necesidad de certeza.

El cerebro humano evolucionó para buscar patrones, predecir amenazas y minimizar sorpresas. En un entorno prehistórico, la incertidumbre podía significar peligro real. No saber si ese sonido en los arbustos era viento o un depredador era cuestión de vida o muerte. Los humanos que desarrollaron baja tolerancia a la incertidumbre y alta vigilancia tuvieron más probabilidades de sobrevivir.

Pero en el mundo moderno, la mayoría de nuestras incertidumbres no son amenazas de supervivencia. Sin embargo, nuestro cerebro primitivo no siempre hace esa distinción. Trata la incertidumbre sobre una decisión laboral, una relación ambigua o un resultado futuro con la misma urgencia que trataría una amenaza física.

El ciclo de búsqueda de certeza

Así es como opera:

1. **Aparece una situación incierta.** No sabes qué decidir, qué piensa alguien, cómo resultará algo.

2. **Tu cerebro detecta esta incertidumbre como amenaza.** Se activa tu sistema de alerta. Sientes ansiedad, inquietud, sensación de "necesito resolver esto ya".

3. **Tu mente empieza a buscar certeza mediante análisis.** "Si pienso lo suficiente, encontraré la respuesta correcta. Si considero todas las variables, podré predecir el resultado. Si analizo cada ángulo, eliminaré la incertidumbre."

4. **El análisis proporciona una falsa sensación temporal de control.** Te sientes como si estuvieras "haciendo algo" sobre el problema. La actividad mental se siente productiva.

5. **Pero la certeza real nunca llega.** Porque la mayoría de las situaciones de la vida no tienen respuestas absolutas. Siempre hay una variable más, un "¿y si...?" adicional, un escenario que no consideraste.

6. **Tu cerebro interpreta la falta de certeza como señal de que no has pensado suficiente.** Entonces intensifica el análisis. El bucle se cierra.

Este ciclo puede mantenerse durante horas, días o semanas. Y nunca termina en certeza verdadera. Termina en agotamiento, en presión externa que te obliga a actuar, o en que la situación se resuelve sola.

La paradoja cruel

Aquí está la paradoja: cuanto más buscas certeza mediante overthinking, menos certeza obtienes. Porque el acto mismo de analizar excesivamente genera más dudas, más preguntas, más escenarios posibles. Es como cavar un hoyo esperando encontrar suelo sólido, pero cada palada de tierra que sacas revela más espacio vacío debajo.

La liberación no viene de finalmente obtener certeza. Viene de soltar la necesidad de tenerla.

LAS REGLAS TÍPICAS DEL OVERTHINKER

Aunque cada persona tiene su combinación única de reglas internas, hay ciertos patrones que aparecen una y otra vez en quienes luchan con overthinking. Reconocer estas reglas en ti mismo es el primer paso para poder flexibilizarlas.

Regla 1: "Tengo que estar completamente seguro antes de actuar"

Cómo suena en tu mente: "No puedo tomar esta decisión hasta tener toda la información." "¿Y si hay algo que no estoy considerando?" "Necesito estar 100% seguro."

Por qué es problemática: La certeza absoluta sobre el futuro o sobre decisiones complejas no existe. Esta regla te condena a análisis perpetuo.

Forma flexible: "Puedo tomar decisiones razonables con información suficiente, aunque no perfecta. La certeza total no es requisito para actuar."

Regla 2: "Si no lo pienso exhaustivamente, algo saldrá mal"

Cómo suena: "Tengo que considerar cada posibilidad." "Si no me preparo mentalmente para todo, no podré manejarlo." "Analizar previene desastres."

Por qué es problemática: Confunde preparación útil con rumiación ansiosa. Asume que pensar más equivale a control real sobre resultados.

Forma flexible: "Pensar estratégicamente es útil. Rumiar ansiosamente no previene problemas reales. Puedo prepararme razonablemente y confiar en mi capacidad de responder a lo inesperado."

Regla 3: "No puedo cometer errores"

Cómo suena: "Tengo que hacer esto perfectamente." "Si me equivoco, será terrible." "Los errores significan que soy incompetente."

Por qué es problemática: Los errores son inevitables en cualquier vida humana. Esta regla crea presión insostenible y paraliza la acción.

Forma flexible: "Los errores son información útil, no catástrofes. Prefiero actuar imperfectamente que no actuar. Mi valor no depende de no equivocarme."

Regla 4: "Debo entender completamente por qué siento lo que siento"

Cómo suena: "¿Por qué me siento ansioso? Debe haber una razón." "No puedo dejar de pensar en esto hasta entender qué significa." "Si comprendo la causa, podré eliminarlo."

Por qué es problemática: Las emociones no siempre tienen explicaciones lineales o racionales. Buscar obsesivamente "el por qué" te mantiene desconectado de la experiencia emocional presente.

Forma flexible: "Puedo sentir emociones sin necesidad de analizarlas exhaustivamente. Algunas veces entenderé la causa, otras no, y está bien. Puedo regular mi estado sin necesidad de explicarlo perfectamente."

Regla 5: "Si no puedo controlar el resultado, no debería intentarlo"

Cómo suena: "¿Y si lo intento y fallo?" "No tiene sentido hacer algo si no puedo garantizar que funcionará." "La incertidumbre es intolerable."

Por qué es problemática: Casi nada en la vida está completamente bajo tu control. Esta regla te condena a la inacción y te roba oportunidades.

Forma flexible: "Puedo esforzarme por lo que valoro aunque el resultado no esté garantizado. Mi esfuerzo tiene valor independiente del resultado. El control total es una ilusión; la influencia significativa es real."

Regla 6: "Debo anticipar y prevenir cualquier evaluación negativa"

Cómo suena: "¿Qué pensarán de mí?" "Tengo que asegurarme de que no haya nada que puedan criticar." "Si me juzgan mal, será devastador."

Por qué es problemática: No puedes controlar las percepciones de otros. Esta regla te mantiene en vigilancia social constante y auto-censura excesiva.

Forma flexible: "Haré lo mejor que pueda con integridad. Algunas personas me aprobarán, otras no, y eso es parte natural de ser humano. No necesito la aprobación universal para tener valor."

MAPA DE DETECCIÓN: ENCUENTRA TUS REGLAS ACTIVAS

Las reglas invisibles solo tienen poder mientras permanecen invisibles. Una vez que las ves con claridad, puedes empezar a cuestionar si realmente sirven a tu bienestar o solo alimentan el overthinking.

Usa este protocolo cuando notes que estás en un bucle mental prolongado:

Paso 1: Identifica el bucle actual

Pregunta: "¿Sobre qué estoy rumiando ahora?"

Ejemplo: "Estoy dándole vueltas a si debo aceptar esta oferta de trabajo o quedarme donde estoy."

Paso 2: Detecta la emoción subyacente
Pregunta: "¿Qué estoy sintiendo? (ansiedad, miedo, culpa, vergüenza, inseguridad)"
Ejemplo: "Siento mucha ansiedad. Miedo de tomar la decisión equivocada."

Paso 3: Busca la regla interna
Pregunta: "¿Qué regla o creencia podría estar activando esta necesidad de seguir pensando?"
Pistas para encontrarla:

- Escucha los "debo", "tengo que", "no puedo", "necesito" en tu diálogo interno
- Pregúntate: "¿Qué pasaría si dejara de analizar esto ahora? ¿Qué temo?"
- La respuesta a ese miedo suele revelar la regla

Ejemplo: "Si no analizo esto exhaustivamente, podría tomar la decisión equivocada. Y si me equivoco, arruinaré mi carrera." Regla activa: "Tengo que estar completamente seguro antes de decidir" + "No puedo cometer errores."

Paso 4: Pregunta si la regla es realista
Pregunta: "¿Es posible cumplir esta regla en este contexto? ¿Es esta regla útil o me está paralizando?"
Ejemplo: "No, no puedo estar 100% seguro de qué opción será mejor. El futuro es incierto. Esta regla me tiene atascado."

Paso 5: Formula una alternativa flexible
Pregunta: "¿Cuál sería una versión más flexible y realista de esta regla?"
Ejemplo: "Puedo tomar una decisión razonable con la información que tengo. Ambas opciones tienen pros y contras. No necesito certeza absoluta para elegir. Si resulta diferente de lo esperado, podré adaptarme."

Este mapa no elimina automáticamente el overthinking. Pero crea distancia entre tú y tus reglas. Y esa distancia es poder.

CÓMO FLEXIBILIZAR LAS REGLAS RÍGIDAS

Una vez que has identificado una regla interna que alimenta tu overthinking, el siguiente paso no es luchar contra ella o intentar eliminarla por fuerza. Es flexibilizarla gradualmente mediante cuestionamiento suave y experimentación práctica.

Método 1: Cuestionamiento socrático

Este método, usado en terapia cognitiva, consiste en hacer preguntas que examinen la validez y utilidad de una creencia.

Preguntas útiles:
"¿Qué evidencia tengo de que esta regla es absolutamente cierta?" "¿Qué evidencia tengo en contra?" "¿Hay excepciones? ¿Momentos donde no cumplí esta regla y todo salió bien?" "Si un amigo tuviera esta regla, ¿qué le diría?" "¿Esta regla me ayuda o me limita en este momento?" "¿Cuál es el costo de mantener esta regla tan rígida?"

Ejemplo aplicado:
Regla: "Tengo que estar completamente seguro antes de actuar."
Cuestionamiento: "¿Alguna vez he actuado sin certeza total y resultó bien? Sí, muchas veces. ¿Qué me cuesta mantener esta regla? Parálisis, ansiedad, oportunidades perdidas. ¿Un amigo necesita certeza total para vivir bien? No, sería imposible. ¿Esta regla es realista? No."

Método 2: Perspectiva de valores

En lugar de cuestionar si la regla es "verdadera", pregúntate si te acerca o te aleja de lo que realmente valoras.

Proceso:
Identifica qué valoras en esta área de tu vida. Por ejemplo, si la regla se activa en decisiones laborales, quizás valores crecimiento profesional, aprendizaje, contribución significativa, balance vida-trabajo.

Pregunta: "¿Seguir esta regla rígidamente me acerca o me aleja de estos valores?"

Si la regla "tengo que estar 100% seguro" te paraliza y te impide tomar una oportunidad que podría acercarte al crecimiento que valoras, entonces la regla está funcionando en contra de tus valores.

Reformula la regla basándote en valores: "Valoro el crecimiento más que la certeza. Puedo tomar decisiones alineadas con mis valores aunque el resultado no esté garantizado."

Método 3: Experimentos conductuales

La forma más poderosa de flexibilizar una regla es probarla. Hacer pequeños experimentos donde deliberadamente actúas en contra de la regla y observas qué pasa.

Proceso:
Diseña un experimento pequeño y de bajo riesgo donde violarás tu regla rígida.

Predice qué crees que pasará (usualmente será catastrófico según tu regla).

Ejecuta el experimento.
Observa qué pasa realmente.
Compara predicción vs. realidad.
Ejemplo:

Regla: "Tengo que analizar exhaustivamente cada correo importante antes de enviarlo."

Experimento: "Enviaré mi próximo correo laboral después de una sola revisión rápida, sin análisis exhaustivo."

Predicción: "Habrá errores. Parecerá poco profesional. El destinatario pensará mal de mí."

Realidad: "Lo envié. Tenía un error menor de puntuación. Nadie lo mencionó. Recibí respuesta normal. Ahorré 30 minutos de angustia."

Aprendizaje: "La perfección no es necesaria. Puedo comunicarme efectivamente sin análisis exhaustivo."

Repetir experimentos similares gradualmente debilita la regla rígida y fortalece la alternativa flexible.

Método 4: Auto-compasión frente a la imperfección

Muchas reglas rígidas se mantienen porque tienes miedo de lo que sentirás si no las cumples. "Si cometo un error, me sentiré terrible. No podré tolerarlo." Entonces la regla se mantiene como protección emocional.

La auto-compasión te permite suavizar la regla reconociendo que puedes tolerar emociones difíciles y cuidarte a través de ellas.

Práctica:

Cuando violes una regla y experimentes malestar (cometiste un error, tomaste decisión sin certeza total, mostraste imperfección), en lugar de auto-castigo, practica:

"Esto es difícil. Me siento incómodo/ansioso/avergonzado." "Esto es parte de ser humano. Todos enfrentamos incertidumbre y cometemos errores." "Puedo cuidarme a través de esto. Merezco amabilidad, especialmente cuando las cosas son difíciles."

La auto-compasión no elimina el malestar. Pero lo hace tolerable. Y cuando el malestar es tolerable, las reglas rígidas pierden su poder.

DOS HISTORIAS DE FLEXIBILIZACIÓN

Para ver cómo este trabajo se manifiesta en la práctica, aquí están dos casos de personas que identificaron y flexibilizaron sus reglas internas.

Caso 1: Andrea y la regla de preparación perfecta

Andrea, 29 años, abogada, tenía una regla férrea: "Tengo que estar completamente preparada para cada eventualidad antes de cualquier presentación o reunión importante."

Esta regla la llevaba a pasar días preparándose para reuniones de una hora. Creaba documentos de 40 páginas anticipando cada pregunta posible. Ensayaba respuestas mentalmente durante horas. El overthinking antes de cada reunión importante era agotador.

El momento de reconocimiento:
Después de una presentación particularmente importante donde se preparó durante una semana completa, un colega le hizo una pregunta que no había anticipado. Andrea improvisó una respuesta razonable. La reunión fue exitosa.

Esa noche, escribió en su diario: "Pasé una semana preparándome. La pregunta más importante no estaba en mi preparación. Y aun así pude manejarla. ¿Para qué sirve toda esa preparación obsesiva?"

El proceso de flexibilización:
Andrea identificó su regla: "Tengo que anticipar y preparar respuesta para cada pregunta posible."

Usó cuestionamiento socrático: "¿Es posible anticipar todo? No. ¿He manejado bien preguntas inesperadas antes? Sí. ¿Qué me cuesta esta regla? Semanas de ansiedad, noches sin dormir, agotamiento."

Formuló alternativa: "Puedo prepararme razonablemente para los puntos clave y confiar en mi capacidad de pensar en el momento. No necesito un script para cada eventualidad."

Diseñó experimentos: Durante tres meses, gradualmente redujo su tiempo de preparación. Primero de una semana a cinco días. Luego a tres días. Finalmente a un día de preparación enfocada.

Resultado después de tres meses:
Andrea descubrió que su desempeño no disminuyó. De hecho, mejoró en algunos aspectos porque estaba menos agotada y más presente. Su ansiedad anticipatoria disminuyó notablemente. Y recuperó tiempo para vida personal que había sacrificado durante años.

No eliminó la preparación. La hizo más eficiente. Y su regla rígida se volvió flexible: "Me preparo razonablemente y confío en mi capacidad profesional."

Caso 2: David y la regla de decisiones sin error

David, 44 años, padre de dos adolescentes, tenía una regla paralizante sobre decisiones familiares: "No puedo cometer errores en decisiones que afectan a mis hijos. Tengo que elegir siempre la mejor opción."

Esta regla lo atrapaba en análisis infinito sobre decisiones como: ¿A qué escuela? ¿Qué actividades extracurriculares? ¿Cuánta libertad darles? ¿Cómo manejar conflictos? Cada decisión se sentía como si tuviera consecuencias permanentes.

El momento de reconocimiento:
Su hijo mayor le dijo durante una conversación: "Papá, sé que te preocupas mucho por nosotros. Pero a veces siento que tienes más miedo de tomar decisiones equivocadas que confianza en que podemos manejar las cosas."

Esas palabras le pegaron fuerte. David se dio cuenta de que su regla, aunque bien intencionada, estaba transmitiendo ansiedad a sus hijos en lugar de confianza.

El proceso de flexibilización:
Identificó su regla: "No puedo cometer errores en la crianza. Cada decisión debe ser perfecta."

Usó perspectiva de valores: "¿Qué valoro como padre? Criar hijos resilientes, enseñarles a tomar decisiones, modelar cómo manejar la incertidumbre." Se dio cuenta de que su regla rígida trabajaba en contra de estos valores.

Reformuló basándose en valores: "Valoro enseñar a mis hijos a navegar la incertidumbre más que protegerlos de cada posible error. Puedo tomar decisiones razonables y modelar cómo ajustar cuando las cosas no salen como esperamos."

Practicó auto-compasión: Cuando tomaba decisiones que resultaban ser imperfectas, en lugar de auto-castigo ("soy mal padre"), practicaba: "Hice lo mejor que pude con la información que tenía. Puedo aprender de esto. Mis hijos aprenden viendo cómo manejo errores, no viendo perfección."

Resultado después de seis meses:
David notó que las conversaciones familiares sobre decisiones se volvieron más ligeras. Pudo involucrar más a sus hijos en el proceso, enseñándoles a pensar en pros y contras sin parálisis. Su ansiedad de crianza disminuyó significativamente. Y, curiosamente, sus hijos parecieron más seguros viendo que su padre podía tomar decisiones sin angustia paralizante.

PRACTICA: TRES EJERCICIOS PARA TRABAJAR TUS REGLAS

Estos ejercicios te ayudan a hacer conscientes tus reglas invisibles y a flexibilizarlas gradualmente.

Ejercicio 1: Inventario de reglas (20 minutos, una vez)

Objetivo: Hacer visible tu conjunto personal de reglas internas.

Materiales: Papel y lápiz.

Cómo hacerlo:

Completa estas frases lo más rápido posible, sin censurarte. Escribe lo primero que venga a tu mente:

Sobre certeza y control:

- "No puedo tomar decisiones hasta que..."
- "Tengo que estar seguro de..."
- "Si no controlo..., entonces..."

Sobre errores y perfección:

- "Si cometo un error..."
- "Tengo que hacer las cosas..."
- "No puedo permitirme..."

Sobre otros y evaluación:

- "Es importante que otros piensen que soy..."
- "Si alguien me critica..."
- "Tengo que asegurarme de que..."

Sobre emociones:

- "No debería sentir..."
- "Tengo que entender por qué..."
- "Si me siento ansioso/triste/enojado, significa que..."

Revisa lo que escribiste. Estas son tus reglas activas. Marca las tres que sientes que más alimentan tu overthinking.

Para cada una de esas tres, escribe:

- ¿De dónde viene esta regla? (experiencia, mensaje cultural, estrategia aprendida)
- ¿Qué me cuesta mantener esta regla tan rígida?
- ¿Cuál sería una versión más flexible?

Por qué funciona:
La mayoría de las personas nunca han articulado explícitamente sus reglas internas. Este ejercicio las hace visibles, y lo visible puede cuestionarse.

Ejercicio 2: Práctica de tolerancia a la incertidumbre (diaria, 5 minutos)

Objetivo: Entrenar tu capacidad de sostener incertidumbre sin colapsar en análisis.

Cómo hacerlo:
Una vez al día, identifica algo sobre lo que tienes incertidumbre (puede ser menor o mayor).

Ejemplos:

- "No sé si mi mensaje se interpretó bien"
- "No sé si esta decisión laboral será la correcta"
- "No sé qué piensa mi pareja sobre lo que dije"

Ahora, en lugar de analizar, practica sostener la incertidumbre:

Minuto 1-2: Di mentalmente: "No sé [la cosa]. Y está bien no saber ahora."

Minuto 3-4: Nota qué sensación genera en tu cuerpo no saber. ¿Dónde sientes la incomodidad de la incertidumbre? Simplemente obsérvala sin intentar eliminarla.

Minuto 5: Respira profundo. Di: "Puedo tolerar no saber. La incertidumbre es incómoda pero no peligrosa. No necesito resolverlo ahora."

Luego, deliberadamente, redirige tu atención a una tarea presente.

Variación progresiva:

Semana 1: Practica con incertidumbres pequeñas Semana 2-3: Practica con incertidumbres medianas Semana 4+: Practica con incertidumbres que normalmente dispararían overthinking significativo

Por qué funciona:

La intolerancia a la incertidumbre es aprendida. Y lo aprendido puede reentrenarse. Cada vez que sostienes incertidumbre sin colapsar en análisis, debilitas la asociación "incertidumbre = peligro = necesito analizar ya".

Ejercicio 3: Reencuadre de regla (30 minutos, semanal)

Objetivo: Transformar una regla rígida en una guía flexible basada en valores.

Materiales: Papel, lápiz.

Cómo hacerlo (una regla por sesión):

Parte 1: Identifica la regla problemática Elige una regla que te haya causado overthinking esta semana. Escríbela explícitamente: "Mi regla es: [___]"

Parte 2: Examina su origen y costo ¿De dónde viene esta regla? ¿Qué evento o contexto la creó? ¿Cómo me ha servido esta regla en el pasado? ¿Cuál es el costo actual de mantenerla rígida? (tiempo, energía, oportunidades perdidas, relaciones afectadas)

Parte 3: Cuestiona su validez ¿Es esta regla realista? ¿Es posible cumplirla siempre? ¿Hay excepciones donde no la cumplí y todo salió bien? Si un amigo tuviera esta regla, ¿qué le diría?

Parte 4: Conéctala con valores ¿Qué valoro realmente en esta área de mi vida? ¿Esta regla rígida me acerca o me aleja de esos valores? ¿Qué sería más importante: cumplir la regla o vivir según mis valores?

REFORMULA EN VERSIÓN FLEXIBLE ESCRIBE UNA VERSIÓN FLEXIBLE DE LA REGLA QUE:

- Reconozca la intención positiva original
- Sea realista y alcanzable
- Esté basada en valores, no en miedo
- Te permita actuar aunque haya incertidumbre

Ejemplo: Regla rígida: "Tengo que estar completamente seguro antes de tomar cualquier decisión importante." Regla flexible: "Valoro tomar decisiones reflexivas. Puedo pensar razonablemente en las opciones y luego decidir aunque no tenga certeza total. Confío en mi capacidad de adaptarme si las cosas resultan diferentes de lo esperado."

Parte 6: Diseña un mini-experimento ¿Qué pequeña acción puedo tomar esta semana que practique la regla flexible en lugar de la rígida? ¿Qué predigo que pasará? [Ejecuta el experimento durante la semana] [La próxima sesión, registra qué pasó realmente vs. tu predicción]

Por qué funciona:
Este ejercicio no solo cuestiona intelectualmente una regla. Te lleva a través del proceso completo: entenderla, evaluar su utilidad actual, conectarla con valores y crear alternativa práctica. Con repetición semanal en diferentes reglas, gradualmente reconstruyes tu sistema operativo mental hacia mayor flexibilidad.

NO NECESITAS CERTEZA TOTAL PARA VIVIR BIEN

Has llegado al final de este capítulo con una comprensión que puede ser tanto liberadora como inquietante: gran parte de tu overthinking no es sobre los problemas reales que enfrentas. Es sobre las reglas invisibles que has estado siguiendo durante años sin cuestionarlas.

Reglas sobre certeza, control, perfección, errores, evaluación de otros. Reglas que quizás te sirvieron en algún momento pero que ahora te mantienen atrapado en análisis infinito, en parálisis decidora, en ansiedad constante.

La buena noticia es que estas reglas no son leyes naturales. Son creencias aprendidas. Y lo aprendido puede cuestionarse, flexibilizarse y transformarse.

No necesitas eliminar completamente tus reglas. Muchas contienen sabiduría valiosa. Lo que necesitas es flexibilizarlas. Convertir mandatos absolutos en guías adaptables. Transformar "tengo que estar 100% seguro" en "puedo decidir con información razonable". Cambiar "no puedo cometer errores" por "puedo aprender de los errores".

Y especialmente, necesitas soltar la búsqueda de certeza absoluta. Porque esa búsqueda es, en sí misma, la trampa más grande del overthinking. Te promete que si piensas suficiente, encontrarás seguridad total. Pero es una promesa falsa. La certeza total no existe. Y perseguirla te roba la capacidad de vivir.

La vida se vive en la incertidumbre. Cada decisión que tomas, cada relación que cultivas, cada riesgo que asumes, cada día que vives, está lleno de variables que no puedes controlar completamente. Y eso no solo está bien. Eso es lo que hace la vida interesante, significativa y llena de posibilidad.

Puedes vivir bien, tomar buenas decisiones, tener relaciones profundas y contribuir significativamente al mundo sin certeza total. De hecho, solo puedes hacer esas cosas cuando sueltas la necesidad de certeza total.

Este capítulo te dio herramientas para identificar tus reglas, cuestionarlas suavemente y flexibilizarlas gradualmente. El mapa de detección para ver qué reglas están activas cuando rumias. Métodos de cuestionamiento y experimentación para debilitarlas. Y tres ejercicios prácticos para trabajar con ellas de forma sostenida.

Pero las herramientas no hacen el trabajo solas. Requieren práctica constante, paciencia y compasión contigo mismo. Porque cuestionar reglas que has seguido toda tu vida genera incomodidad. Tu mente interpretará esa incomodidad como señal de peligro e intentará regresarte a las reglas conocidas.

Cada vez que notes esa incomodidad y elijas quedarte con la incertidumbre un poco más, estás reentrenando tu sistema. Cada vez que tomas una acción sin certeza total y sobrevives, debilitas la regla antigua. Cada vez que cometes un error y practicas auto-compasión en lugar de auto-castigo, construyes nueva forma de relacionarte contigo mismo.

El cambio es gradual. No esperes transformación instantánea. Pero con práctica consistente durante semanas y meses, notarás que las reglas rígidas pierden su poder. La necesidad de certeza disminuye. Puedes sostener ambigüedad con menos ansiedad. Y el overthinking ya no te gobierna.

En el próximo capítulo abordaremos el desafío de pasar del entendimiento a la acción. Porque entender tus reglas no es suficiente. Necesitas vivir diferente. Tomarás decisiones, enfrentarás incertidumbre real y construirás una vida alineada con tus valores más profundos, no con reglas rígidas basadas en miedo.

Pero antes de avanzar, reconoce lo que has logrado: has hecho visible lo invisible. Has visto las reglas que operaban en las sombras controlando tu mente. Y lo que puedes ver, puedes cambiar.

No necesitas perfección. No necesitas certeza total. No necesitas control absoluto. Necesitas flexibilidad, compasión y coraje para vivir a pesar de la incertidumbre inherente a la existencia.

Tienes ese coraje. Lo has demostrado al llegar hasta aquí. Continúa.

CAPÍTULO 7
DECIDE Y ACTÚA SIN CERTEZA TOTAL

SEIS MESES DE ANÁLISIS

Javier tiene 34 años y lleva seis meses considerando un cambio de trabajo. No es que esté infeliz donde está. Pero recibió una oferta interesante. Mejor salario. Proyecto más alineado con lo que estudió. Equipo más pequeño, lo que significa más responsabilidad directa.

Ha hecho todo lo que un buen decisor debería hacer: listas de pros y contras. Análisis exhaustivo de ambas opciones. Ha hablado con amigos, con su pareja, con tres mentores diferentes. Ha investigado la empresa nueva, sus finanzas, su cultura, sus prospectos de crecimiento. Ha comparado trayectorias de carrera posibles en cada lugar.

Y sigue sin poder decidir.

Cada vez que se acerca a una decisión, su mente encuentra una nueva variable. "¿Pero qué si el nuevo jefe resulta difícil? ¿Y si el proyecto se cancela en un año? ¿Y si en mi trabajo actual me ofrecen ascenso pronto? ¿Y si cambio y me arrepiento? ¿Y si no cambio y pierdo esta oportunidad?"

La empresa que le hizo la oferta ya le ha extendido el plazo dos veces. Sus colegas han notado su distracción. Su pareja está agotada de las mismas conversaciones circulares. Y Javier siente que está viviendo en limbo, incapaz de avanzar, esperando una claridad que nunca llega.

El problema de Javier no es falta de información. Es exceso de ella. No es falta de pensamiento. Es demasiado. Su mente ha convertido una decisión razonable en una búsqueda imposible de certeza absoluta sobre el futuro. Y esa búsqueda lo tiene paralizado.

Este capítulo es sobre cómo salir de esa parálisis. No pensando más. Actuando a pesar de la incertidumbre.

POR QUÉ LAS DECISIONES SE SIENTEN TAN DIFÍCILES

Antes de aprender a decidir mejor, necesitas entender por qué decidir es inherentemente incómodo. No es porque seas indeciso o débil. Es porque toda decisión real implica elementos que tu cerebro evolutivo está programado para evitar.

La incertidumbre inevitable

Toda decisión sobre el futuro es, por definición, incierta. No importa cuánto analices, no puedes predecir todos los resultados. No sabes cómo te sentirás en seis meses. No sabes qué eventos inesperados cambiarán el contexto. No sabes cómo responderán otras personas.

Esta incertidumbre no es un defecto de tu proceso. Es una característica inevitable de la realidad. Y tu cerebro, especialmente si eres overthinker, tiene baja tolerancia a ella. Entonces intenta eliminarla mediante análisis. Pero el análisis no puede eliminar incertidumbre real. Solo puede crear la ilusión temporal de control.

El miedo al error y la pérdida

Cada decisión implica elegir un camino y soltar otros. Esta pérdida se siente como amenaza. Y tu cerebro está más diseñado para evitar pérdidas que para buscar ganancias. Es lo que se conoce como aversión a la pérdida: el dolor de perder algo se siente aproximadamente el doble de intenso que la alegría de ganar algo equivalente.

Cuando estás decidiendo, tu mente magnifica lo que podrías perder en cada opción. Si te quedas donde estás, pierdes la nueva oportunidad. Si te vas, pierdes la seguridad conocida. Ninguna opción se siente completamente cómoda porque ninguna elimina toda pérdida.

La ilusión de la decisión perfecta

Muchos overthinkers operan con la creencia implícita de que existe una decisión "correcta" perfecta, y que si piensan suficiente, la encontrarán. Pero para la mayoría de las decisiones importantes, no hay una opción objetivamente superior. Hay opciones diferentes, cada una con sus pros y contras.

La decisión "perfecta" solo existe en retrospectiva, después de saber cómo resultó todo. En el momento de decidir, solo hay decisiones razonables basadas en información incompleta. Y eso es suficiente.

El costo oculto de no decidir

Aquí está lo que muchos overthinkers no ven: no decidir también es una decisión. Y tiene costos reales.

Mientras Javier analiza durante seis meses, otros candidatos han tomado oportunidades. El tiempo que pasa en limbo mental es tiempo que no está invirtiendo completamente en ninguna de las opciones. Su energía mental está agotada. Sus relaciones están tensas. Y la ventana de oportunidad se está cerrando.

No decidir no te protege del error. Solo te garantiza que perderás tiempo y energía en un estado de suspensión improductivo.

ACCIÓN ANTES QUE CLARIDAD

Aquí está una verdad contraintuitiva que cambiará cómo abordas decisiones: la claridad a menudo viene después de la acción, no antes.

Esperamos sentirnos completamente seguros antes de actuar. Creemos que primero debe llegar la claridad mental, luego la confianza, y entonces podemos actuar. Pero en la práctica, el proceso suele ser inverso.

El ciclo de acción-aprendizaje

Así funciona realmente:

1. **Actúas con información suficiente (no perfecta).** Tomas una decisión razonable y das un paso.

2. **La acción genera información nueva.** Experimentas directamente

cómo se siente esa opción. Ves consecuencias reales, no imaginadas. Descubres variables que no pudiste anticipar.

3. **Ajustas basándote en la realidad, no en la fantasía.** Si algo no funciona como esperabas, puedes corregir. Si funciona mejor, puedes profundizar.

4. **La claridad emerge del proceso.** Después de actuar, tienes datos reales. Y con datos reales, puedes decidir tu siguiente paso con mayor fundamento.

El overthinking intenta saltarse este ciclo. Quiere toda la información antes del paso 1. Pero la información más valiosa solo está disponible después de actuar.

Por qué la acción reduce el overthinking

Cuando actúas, varias cosas pasan simultáneamente:

Tu atención se redirige del análisis mental a la ejecución práctica. Ya no estás en tu cabeza imaginando escenarios. Estás en el mundo manejando realidad concreta.

Tu sistema nervioso se regula. La acción metaboliza la energía ansiosa que se acumula durante la parálisis. Te sientes menos atrapado.

Obtienes cierre en tu bucle mental. El bucle de "¿qué debería hacer?" se cierra con "hice esto". Incluso si no fue perfecto, hay resolución.

Construyes evidencia de que puedes manejar incertidumbre. Cada vez que actúas sin certeza total y sobrevives, tu confianza en ti mismo aumenta. La próxima decisión será un poco menos paralizante.

La acción no garantiza resultados perfectos. Garantiza que saldrás del limbo mental.

VALORES COMO BRÚJULA VS MIEDO COMO TIRANO

Hay dos formas fundamentalmente diferentes de tomar decisiones: puedes decidir movido por tus valores o puedes decidir movido por tu miedo. Ambas te llevan a actuar, pero crean experiencias de vida radicalmente diferentes.

Decidir desde el miedo

Cuando decides desde el miedo, tu pregunta principal es: "¿Qué opción me protege más del error, el rechazo, la pérdida, el dolor?"

Eliges la opción más segura, la más predecible, la que minimiza riesgo aunque no te acerque a lo que realmente valoras. Evitas cambio aunque estés insatisfecho. Te quedas en relaciones o trabajos que no te nutren porque lo nuevo asusta más.

El problema no es que el miedo sea inválido. Es que el miedo, como único criterio, te mantiene en modo de supervivencia, no de vida plena. Te protege de amenazas imaginarias al costo de oportunidades reales.

Decidir desde valores

Cuando decides desde valores, tu pregunta principal es: "¿Qué opción me acerca más a la vida que quiero vivir? ¿Qué es importante para mí independientemente del resultado?"

No ignoras el riesgo. Lo consideras. Pero no es el factor decisivo. El factor decisivo es alineación con lo que valoras profundamente: crecimiento, autenticidad, contribución, conexión, aprendizaje, creatividad, lo que sea más importante para ti.

Esta forma de decidir no elimina el miedo. Pero le da al miedo su lugar apropiado: es información útil, no el tirano que dicta cada movimiento.

Cómo identificar tus valores

Muchas personas no tienen claridad sobre qué valoran realmente. Han operado tanto tiempo en piloto automático, cumpliendo expectativas externas o evitando dolor, que perdieron contacto con su brújula interna.

Pregúntate:

"En mi lecho de muerte, mirando mi vida hacia atrás, ¿qué me importará que haya hecho? ¿Qué lamentaré no haber intentado?"

"¿Qué tipo de persona quiero ser? (No qué quiero lograr, sino quién quiero ser.)"

"Si nadie supiera de mis decisiones excepto yo, ¿qué elegiría?"

Tus valores no son metas. No son "tener éxito" o "ser feliz". Son direcciones: "ser valiente", "actuar con integridad", "aprender constantemente", "conectar auténticamente", "contribuir significativamente".

Las metas se alcanzan o no. Los valores se viven o no, cada día, con cada decisión.

MAPA DE DECISIÓN: DEL ANÁLISIS INFINITO A LA ACCIÓN

Cuando te encuentres paralizado por una decisión, usa este protocolo de cinco pasos. No busca darte certeza. Busca sacarte del bucle y moverte hacia acción.

Paso 1: Define la decisión claramente

Pregunta: "¿Qué estoy decidiendo exactamente?"

No: "¿Qué hago con mi vida?" Sí: "¿Acepto esta oferta de trabajo específica o me quedo en mi posición actual?"

La claridad en la pregunta evita que tu mente vagabundee por mil decisiones relacionadas pero diferentes.

Paso 2: Identifica tus valores relevantes

Pregunta: "¿Qué valoro en esta área de mi vida? ¿Qué es importante para mí independientemente del resultado?"

Ejemplo: "Valoro crecimiento profesional, tiempo con familia, trabajo significativo, estabilidad financiera suficiente."

Escribe 3-5 valores. Estos son tu brújula.

Paso 3: Evalúa opciones contra valores, no contra certeza

Para cada opción, pregunta: "¿Esta opción me permite vivir mis valores mejor que la otra? ¿Cuál?"

No preguntes: "¿Cuál garantiza el mejor resultado?" Pregunta: "¿Cuál me acerca más a lo que valoro?"

Ejemplo: "La nueva posición me permite más crecimiento y trabajo más alineado con lo que valoro profesionalmente. Mi posición actual me da más tiempo familiar. Ambas ofrecen estabilidad razonable."

Paso 4: Establece criterio de suficiencia

Pregunta: "¿Qué información necesito para tomar una decisión razonable (no perfecta)?"

Define el mínimo de información suficiente. No el máximo posible. Suficiente para decidir de forma responsable.

Ejemplo: "Necesito confirmar salario y beneficios de la nueva posición. Necesito hablar con alguien del equipo nuevo. Necesito clarificar expectativas de horario. Después de eso, tengo suficiente."

Una vez que tienes información suficiente, más análisis no mejora la decisión. Solo retrasa la acción.

Paso 5: Decide con límite temporal y actúa

Establece una fecha límite para decidir. Puede ser en una hora, un día, una semana, dependiendo de la decisión. Pero debe ser específica.

Cuando llegue la fecha, elige basándote en tus valores y la información suficiente que tienes. No esperes certeza. No esperes que el miedo desaparezca. Decide y actúa.

Si ambas opciones están genuinamente balanceadas después de este análisis, lanza una moneda. En serio. Porque en ese punto, cualquier opción es razonable, y lo que más importa es salir de la parálisis.

Este mapa no te da garantías. Te da estructura para moverte de overthinking a acción deliberada.

CUATRO HERRAMIENTAS PARA DECIDIR Y ACTUAR

Estas herramientas prácticas te ayudan a implementar el mapa de decisión y a construir tu capacidad de actuar sin certeza total.

Herramienta 1: La regla 70-30 (información suficiente)

Esta regla, usada en contextos militares y empresariales, sugiere que cuando tienes aproximadamente 70% de la información que idealmente querrías, es momento de decidir. Más del 70% suele dar retornos decrecientes: inviertes mucho tiempo por muy poca mejora en la decisión.

Cómo aplicarla:

Cuando estés considerando una decisión, pregúntate: "¿Tengo al menos 70% de la información relevante que podría obtener razonablemente?"

Si sí, decide. Si no, identifica específicamente qué falta y cómo obtenerlo sin caer en investigación infinita.

Esta regla te protege de dos extremos: decidir impulsivamente con 10% de información y paralizarte buscando el 100% imposible.

Herramienta 2: Micro-acción de compromiso (5 minutos)

A veces la parálisis es tan fuerte que incluso después de "decidir", no actúas. Esta herramienta te saca de la inercia.

Cómo usarla:

Identifica la acción más pequeña posible que represente compromiso con tu decisión. Algo que tomes literalmente 5 minutos o menos.

Ejemplos:

- Si decidiste buscar nuevo trabajo: actualiza una línea de tu CV
- Si decidiste tener conversación difícil: escribe el primer párrafo de lo que dirías
- Si decidiste empezar proyecto: crea el documento y escribe el título
- Si decidiste terminar relación: escribe la fecha y hora para la conversación

No necesitas completar toda la acción ahora. Solo necesitas romper la inercia con el primer paso mínimo. Una vez en movimiento, el segundo paso es más fácil.

Herramienta 3: Pre-compromiso con valores (antes de decidir)

Esta herramienta previene que el miedo secuestre tu decisión en el último momento.

Cómo usarla:

Antes de estar en la situación de decisión, escribe esto:

"Cuando enfrente [decisión específica], elegiré basándome en [valor específico], no en [miedo específico]."

Ejemplo: "Cuando enfrente la decisión de cambiar de trabajo, elegiré basándome en mi valor de crecimiento profesional, no en mi miedo a lo desconocido."

Firma esto. Guárdalo. Cuando llegue el momento de decidir y el miedo se active, lee tu pre-compromiso. Te recuerda quién quieres ser y cómo quieres decidir.

No elimina el miedo. Pero te da un ancla fuera del momento emocional intenso.

Herramienta 4: La pregunta del lecho de muerte

Esta es la pregunta más poderosa para cortar análisis infinito y conectar con lo esencial.

Cómo usarla:

Cuando estés atrapado en overthinking sobre una decisión, pregúntate:

"Si tuviera 80 años y estuviera mirando mi vida hacia atrás, ¿qué me importaría más: haber tomado la decisión 'perfecta' o haber tenido el coraje de elegir y vivir plenamente con esa elección?"

"¿Lamentaría más haber cometido un error o haber dejado que el miedo me paralizara?"

Esta perspectiva corta el ruido. La mayoría de nuestras decisiones, vistas desde el final de la vida, importan menos de lo que creemos. Pero la capacidad de vivir con coraje, de intentar, de no estar atrapado en la cabeza, eso sí importa.

DOS HISTORIAS DE ACCIÓN

Para ver cómo estas herramientas funcionan en práctica, aquí están dos casos de personas que salieron de la parálisis por análisis.

Caso 1: Javier y la decisión laboral

Recordemos a Javier de la apertura, paralizado durante seis meses sobre cambio de trabajo.

El punto de quiebre:

Un amigo le preguntó directamente: "¿Qué valoras más en tu carrera?" Javier respondió sin pensar: "Aprender cosas nuevas. Sentir que estoy creciendo."

Su amigo continuó: "¿Dónde sientes más eso: aquí o en la nueva posición?"

Javier supo la respuesta inmediatamente. En la nueva posición. Pero su miedo al cambio había estado bloqueando esa claridad.

Lo que hizo:

Aplicó el mapa de decisión:

Definió claramente: "¿Acepto la oferta nueva o me quedo?"

Identificó su valor central: Crecimiento profesional mediante aprendizaje.

Evaluó contra valores: La nueva posición alineaba más con su valor central. Su trabajo actual era cómodo pero estancado.

Estableció criterio de suficiencia: Ya tenía toda la información relevante después de seis meses. Más análisis no cambiaría nada fundamental.

Decidió con límite temporal: Se dio 48 horas para comunicar su decisión.

La micro-acción:

Escribió un borrador de 3 líneas aceptando la oferta. Solo el borrador. Eso rompió la inercia.

Dos horas después, lo editó y lo envió.

Resultado después de seis meses:

La transición no fue perfecta. Hubo momentos difíciles de adaptación. Pero Javier no se arrepintió. Estaba aprendiendo, creciendo, desafiándose. Y lo más importante: había salido del limbo mental paralizante. Recuperó su energía y su capacidad de estar presente.

Aprendió que tomar una decisión imperfecta y vivir plenamente con ella era infinitamente mejor que estar atrapado en análisis infinito.

Caso 2: Claudia y la conversación difícil

Claudia, 41 años, llevaba dos años evitando una conversación necesaria con su madre. Su madre tenía expectativas muy fuertes sobre la vida de Claudia: cuándo debería casarse, qué tipo de pareja debería tener, cómo debería ser su carrera.

Claudia vivía en tensión constante. Evitaba llamadas. Censuraba información sobre su vida. Y mentalmente rumiaba constantemente sobre la relación, sin nunca abordarla directamente.

El momento de reconocimiento:

Después de cancelar otra visita familiar por ansiedad anticipatoria, Claudia se dio cuenta: "Estoy viviendo en función de evitar esta conversación. Eso no es vivir."

Lo que hizo:

Identificó su valor: "Quiero relaciones auténticas basadas en honestidad, no en evitación. Valoro ser yo misma, incluso si eso genera conflicto."

Aplicó pre-compromiso con valores: Escribió: "Cuando enfrente la conversación con mi madre, elegiré basándome en mi valor de autenticidad, no en mi miedo a su desaprobación."

Usó micro-acción: Envió un mensaje simple: "Mamá, necesito hablar contigo sobre algunas cosas importantes. ¿Podemos vernos el sábado?" Eso fue todo. Pero al enviarlo, se comprometió.

La conversación:
No fue fácil. Su madre reaccionó con defensividad inicial. Claudia sintió toda la incomodidad que había estado evitando. Pero se mantuvo firme, hablando desde sus valores, no desde ataque.

No resolvieron todo en una conversación. Pero algo fundamental cambió: Claudia dejó de vivir en evasión. Puso sobre la mesa lo que necesitaba decir. Y sobrevivió.

Resultado después de tres meses:
La relación con su madre no se volvió perfecta. Pero se volvió más real. Hubo más momentos incómodos, pero también más momentos genuinos. El overthinking obsesivo sobre la relación disminuyó dramáticamente porque Claudia ya no estaba evitando. Estaba viviendo.

Y descubrió algo crucial: la incomodidad de la autenticidad era mucho más tolerable que la ansiedad crónica de la evitación.

PRACTICA: TRES EJERCICIOS PARA MOVERTE DE ANÁLISIS A ACCIÓN

Estos ejercicios te entrenan en las habilidades necesarias para decidir y actuar sin certeza total.

Ejercicio 1: Clarificación de valores (30 minutos, una vez)

Objetivo: Identificar tu brújula interna para futuras decisiones.
Materiales: Papel, lápiz.
Cómo hacerlo:
Parte A: Exploración libre (10 minutos)
Responde estas preguntas sin censurarte:

1. "¿Qué tipo de persona quiero ser?"
2. "Cuando me siento más yo mismo, más vivo, ¿qué estoy haciendo?"
3. "Si nadie me juzgara, ¿qué elegiría?"
4. "Al final de mi vida, ¿qué querré haber representado?"

Parte B: Identificación de valores centrales (10 minutos)
De tus respuestas, identifica 5-7 valores centrales. No metas ni logros, sino cualidades o direcciones.

Ejemplos de valores: autenticidad, crecimiento, conexión, creatividad, contribución, coraje, integridad, aventura, aprendizaje, compasión, libertad, impacto.

Escribe cada uno con una frase que explique qué significa para ti específicamente.

Ejemplo: "Crecimiento: Quiero estar constantemente aprendiendo cosas nuevas, aunque sean incómodas."

JERARQUIZACIÓN (10 MINUTOS)

De tus 5-7 valores, identifica los 3 más importantes. Estos son tu brújula principal.

Para cada uno, escribe:

- ¿Cómo se ve este valor en acción en mi vida diaria?
- ¿Dónde he estado viviendo este valor últimamente?
- ¿Dónde he estado traicionándolo por miedo?

Por qué funciona:
Cuando tienes claridad sobre tus valores, las decisiones se simplifican. No necesitas analizar infinitas variables. Solo necesitas preguntar: "¿Qué opción me permite vivir mis valores más plenamente?"

Ejercicio 2: Práctica de decisión rápida (diaria, 2 minutos)

Objetivo: Entrenar tu capacidad de decidir sin overthinking en decisiones menores.

Cómo hacerlo:
Una vez al día, toma deliberadamente una decisión menor en 30 segundos o menos. Sin análisis extenso.

Ejemplos de decisiones:

- Qué comer en un restaurante
- Qué hacer en tu tiempo libre esta noche
- Qué película ver
- Qué ropa ponerte
- Qué orden seguir en tus tareas del día

Protocolo de 30 segundos:

1. Identifica 2-3 opciones razonables (no 47)
2. Siente qué opción resuena más en tu intuición
3. Decide
4. No revises la decisión después

Desafío progresivo:
Semana 1: Decisiones muy menores (qué comer) Semana 2-3: Decisiones moderadas (cómo pasar tu fin de semana) Semana 4+: Decisiones que normalmente te causarían análisis (qué proyecto priorizar en trabajo)
Por qué funciona:
La mayoría de tus decisiones diarias no requieren análisis exhaustivo. Al practicar decisión rápida en lo menor, construyes el músculo para decisiones mayores. Aprendes a confiar en tu intuición y en decisiones "suficientemente buenas".

Ejercicio 3: Plan de acción comprometida (20 minutos, semanal)

Objetivo: Convertir una intención o valor en pasos de acción concretos.
Materiales: Papel, lápiz.
Cómo hacerlo:

IDENTIFICA LA BRECHA (5 MINUTOS)

Elige uno de tus valores centrales del Ejercicio 1.
Responde:

- "¿Cómo estoy viviendo este valor ahora?" (calificación 1-10)
- "¿Qué me impide vivirlo más plenamente?" (miedos, obstáculos)
- "¿Qué estaría haciendo si lo viviera al 10?"

DEFINE ACCIÓN ESPECÍFICA (5 MINUTOS)

Identifica UNA acción concreta que puedas tomar esta semana que te acerque a vivir ese valor más plenamente.
Debe cumplir criterios:

- Específica (qué, cuándo, dónde)
- Realista (puedes completarla esta semana)
- Medible (sabrás claramente si la hiciste o no)
- Alineada con tu valor, no con evitar miedo

Ejemplo: Valor: Autenticidad Acción: "El martes a las 7 PM, tendré una conversación de 15 minutos con mi pareja sobre cómo me siento con nuestra dinámica actual."

ANTICIPA OBSTÁCULOS (5 MINUTOS)

Pregunta: "¿Qué podría impedirme completar esta acción?"
Lista 2-3 obstáculos probables (internos o externos).
Para cada obstáculo, crea un plan si-entonces: "Si [obstáculo], entonces [respuesta específica]."
Ejemplo: "Si siento mucho miedo en el momento, entonces respiraré 5 ciclos conscientes y recordaré que valoro la autenticidad más que la comodidad."

COMPROMISO Y SEGUIMIENTO (5 MINUTOS)

Escribe: "Me comprometo a [acción específica] porque valoro [valor central]."
Firma. Agenda la acción en tu calendario con recordatorio.
Al final de la semana, registra:

- ¿Completé la acción? Sí/No
- Si sí: ¿Cómo me sentí? ¿Qué aprendí?
- Si no: ¿Qué me detuvo? ¿Qué ajustaré para la próxima semana?

Por qué funciona:
Este ejercicio te entrena en la secuencia completa: clarificar valor, definir acción concreta, anticipar resistencia, comprometerte y ejecutar. Con repetición semanal, construyes un patrón de vida dirigida por valores, no por evitación. El overthinking disminuye porque estás en modo de acción, no de análisis infinito.

LA LIBERTAD ESTÁ EN EL MOVIMIENTO

Has llegado al final de este capítulo con una comprensión fundamental: la parálisis por análisis no te protege del error. Solo te protege de la vida.

Entiendes ahora que toda decisión real implica incertidumbre inevitable. Que el miedo al error y a la pérdida es normal pero no debe ser tu único criterio. Que la claridad a menudo viene después de la acción, no antes. Y que esperar certeza total es esperar algo que no existe.

Aprendiste la diferencia crucial entre decidir desde valores y decidir desde miedo. Los valores te dan dirección. El miedo solo te da restricciones. Una vida guiada por valores se siente como expansión, aunque sea incómoda. Una vida guiada por miedo se siente como contracción, aunque sea familiar.

Tienes ahora un mapa de cinco pasos para sacar decisiones del overthinking y llevarlas a la acción. Cuatro herramientas prácticas para implementar ese mapa. Y tres ejercicios para entrenar las habilidades subyacentes.

Pero más importante que las herramientas es el cambio de mentalidad: no necesitas estar libre de duda para actuar. No necesitas sentirte completamente seguro para decidir. No necesitas eliminar el miedo para moverte.

Puedes actuar con miedo. Puedes decidir con duda. Puedes moverte sin certeza total. Y cuando lo haces, descubres algo liberador: eres más capaz de lo que creías. Puedes manejar resultados inesperados. Puedes adaptarte. Puedes aprender de errores sin colapsar.

La libertad del overthinking no está en finalmente saber qué hacer. Está en poder actuar sin saberlo completamente. Está en confiar que puedes navegar lo que venga, sea lo que sea.

Javier tomó su decisión laboral sin certeza absoluta. Claudia tuvo su conversación difícil sin garantías de resultado. Ambos sintieron miedo. Ambos enfrentaron incomodidad. Pero ambos salieron de la prisión del análisis infinito. Y esa liberación fue más valiosa que cualquier resultado específico.

Tu mente te dirá: "Espera un poco más. Piensa un poco más. Analiza una variable más." Pero ahora sabes que esa voz no te está protegiendo. Te está atrapando.

El antídoto no es más pensamiento. Es acción guiada por valores. Es compromiso con el proceso, no apego al resultado. Es coraje para vivir, no para esperar a que la vida se vuelva perfectamente predecible.

No lo será. Nunca lo será. Y está bien. Porque no necesitas que lo sea para vivir plenamente.

En el próximo capítulo cerraremos todo el sistema integrando lo aprendido en un diseño de vida anti-overthinking sostenible a largo plazo. Verás cómo cada pieza (interrupción, reentrenamiento, regulación, flexibilización de reglas, acción por valores) se integra en un sistema coherente que puedes mantener durante años.

Pero por ahora, reconoce lo que has logrado: has aprendido a decidir sin certeza. A actuar con duda. A moverte con miedo. Esas son las habilidades más importantes de todas.

No porque eliminen el malestar. Porque te permiten vivir a pesar de él. Y eso es libertad real.

Continúa. Actúa. Vive.

Capitulo 8

CAPÍTULO 8
DISEÑA UNA VIDA CON MENOS RUIDO

UNA MAÑANA DIFERENTE

Elena se despierta a las 6:30 AM. No por una alarma estridente. Por su propio ritmo circadiano, después de siete horas y media de sueño. Abre los ojos, respira profundo, siente su cuerpo en la cama. No revisa su teléfono.

Hace dos años, esta mañana habría sido diferente. Habría despertado a las 5 AM con pensamientos acelerados. Habría revisado correos antes de levantarse. Habría empezado a analizar su día, sus pendientes, sus preocupaciones, antes de estar completamente despierta.

Pero Elena ha hecho cambios. No enormes transformaciones dramáticas. Pequeños ajustes deliberados en cómo estructura su vida. Y el resultado acumulativo es esto: mañanas más tranquilas. Días con menos ruido mental. Noches donde puede desconectar.

Elena no está "curada" del overthinking. No existe tal cosa. Su mente sigue siendo activa. Sigue siendo analítica. Sigue siendo capaz de preocuparse. Pero ya no está secuestrada por esos procesos. Puede notar cuando empieza un bucle y redirigirse. Y lo más importante: ha creado una vida que no alimenta constantemente el overthinking.

Ese es el tema de este capítulo: diseñar un estilo de vida que reduzca el combustible del overthinking. No con perfección. Con intención.

EL ENTORNO MOLDEA LA MENTE

Solemos pensar que el overthinking es puramente interno. Un problema de "mi mente". Pero la realidad es más compleja. Tu mente no opera en vacío. Opera en un contexto. Y ese contexto, las condiciones en que vives y trabajas, influye dramáticamente en cuánto rumias.

Los disparadores ocultos del ruido mental

Ciertos entornos y rutinas son fábricas de overthinking. No porque estén "mal" objetivamente, sino porque constantemente activan los procesos mentales que alimentan la rumiación.

Ambientes de hiperconectividad: Si vives con notificaciones constantes, tu atención está fragmentada todo el día. Tu cerebro nunca descansa en modo de enfoque profundo. Está en vigilancia constante. Y esa vigilancia crónica mantiene tu sistema nervioso activado, lo cual predispone a overthinking.

Días sin estructura: Sin rutinas básicas, tu mente está constantemente tomando micro-decisiones sobre qué hacer, cuándo hacerlo, cómo hacerlo. Esta carga cognitiva acumulada agota tu capacidad de regulación. Al final del día, tu mente está fatigada y más propensa a bucles.

Sobrecarga de información: Si consumes noticias constantemente, redes sociales sin límite, podcasts durante cada traslado, tu cerebro está procesando cantidades masivas de información. Gran parte irrelevante. Pero tu mente no puede desconectar. Sigue procesando, comparando, analizando, incluso cuando no es útil.

Límites difusos trabajo-vida: Si no hay separación clara entre tu tiempo laboral y personal, tu mente nunca descansa de modo "problema-solución". Siempre hay un pendiente más, una decisión laboral que considerar, un correo que responder. El overthinking sobre trabajo se extiende a todas tus horas.

Aislamiento social: La conexión humana genuina regula tu sistema nervioso. Sin ella, tus pensamientos pueden volverse más insistentes porque no tienes el espejo y la perspectiva que otros ofrecen.

Estos no son defectos de carácter tuyos. Son características de contextos modernos que no fueron diseñados para el bienestar mental humano.

El poder de la estructura consciente

La buena noticia es que puedes diseñar conscientemente tu entorno y tus rutinas para que trabajen a tu favor, no en tu contra.

Estructura no significa rigidez. Significa crear ritmos predecibles que liberen carga cognitiva. Cuando ciertas cosas suceden automáticamente, tu cerebro tiene más recursos disponibles para lo que realmente importa.

Elena no tiene que decidir cada mañana qué hacer al despertar. Tiene una rutina de 30 minutos que ejecuta sin pensar: no tocar teléfono hasta después de desayunar, escribir tres renglones en su diario, preparar café con atención plena, estirar brevemente. Esta estructura le da un inicio calmado que establece el tono para el resto del día.

No es que todos necesiten la misma rutina. Es que todos nos beneficiamos de tener alguna. Porque reduce decisiones innecesarias y protege espacio mental.

CINCO HÁBITOS CLAVE ANTI-OVERTHINKING

Estos hábitos no eliminan el pensamiento excesivo por sí solos. Pero crean las condiciones donde el overthinking tiene menos combustible.

Hábito 1: Protege tu sueño como prioridad no negociable

De todos los factores que influyen en overthinking, el sueño es probablemente el más poderoso y el más descuidado.

Cuando duermes mal, tu corteza prefrontal (la parte del cerebro responsable de regulación emocional y toma de decisiones) funciona con capacidad reducida. Tu amígdala (centro de alerta y miedo) está más reactiva. Es como intentar navegar una tormenta con instrumentos defectuosos.

Cómo proteger tu sueño:

Establece una hora fija para dormir y despertar. Incluidos fines de semana, al menos aproximadamente. Tu ritmo circadiano necesita consistencia.

Crea un ritual de desconexión de 60 minutos antes de dormir. Sin pantallas. Puede incluir lectura física, estiramiento suave, ducha caliente, escritura breve, preparación del día siguiente. Lo que funcione para ti. Pero debe ser consistente.

Mantén tu habitación oscura, fresca y sin distracciones. Tu cerebro asocia este espacio con descanso. Si trabajas o ves televisión en tu cama, pierdes esa asociación.

Si tu mente se acelera al acostarte, usa técnica de "vaciado mental": escribe en una libreta al lado de tu cama todas las preocupaciones y pendientes. Esto le dice a tu cerebro "ya lo registramos, puedes descansar".

Hábito 2: Movimiento diario que no sea negociable

El movimiento físico no es solo para tu cuerpo. Es uno de los reguladores más potentes de tu sistema nervioso.

No necesitas entrenar como atleta. Necesitas moverte consistentemente. Porque el movimiento metaboliza hormonas de estrés, regula tu estado de ánimo y da a tu mente un respiro del análisis mental.

Cómo integrar movimiento:

20-30 minutos diarios mínimo. Puede ser caminar, correr, yoga, bicicleta, bailar, nadar. Lo que disfrutes suficiente para mantenerlo.

Idealmente por la mañana o tarde, no justo antes de dormir. El movimiento matutino es especialmente útil porque establece tu estado para el día.

Ocasionalmente, haz movimiento sin música ni podcasts. Solo tú, tu cuerpo y tu respiración. Esto entrena tu capacidad de estar presente sin estimulación externa constante.

Si un día no puedes hacer 30 minutos, haz 10. Si no puedes 10, haz 5. Consistencia imperfecta es infinitamente mejor que perfección inconsistente.

Hábito 3: Límites estrictos en consumo de información

Vivimos en un mundo con acceso infinito a información. Pero tu cerebro tiene capacidad finita. Consumir información sin límites es como comer sin parar. Eventualmente, tu sistema se sobrecarga.

Cómo establecer límites de información:

Revisa noticias una vez al día, máximo. Preferiblemente en formato que tú controlas (newsletter curado, periódico físico), no scroll infinito que algoritmos deciden.

Establece horarios específicos para redes sociales. Por ejemplo: 15 minutos a las 12 PM, 15 minutos a las 6 PM. Fuera de esos horarios, las apps están cerradas. Usa herramientas de bloqueo si necesitas ayuda para cumplirlo.

No consumas contenido mental pesado (noticias, debates, análisis complejos) en los primeros 30 minutos después de despertar ni en la hora antes de dormir. Tu mente está más vulnerable en esos momentos.

Practica días de "ayuno digital" mensual. Un día donde no consumes nada digital excepto comunicación esencial. Esto resetea tu relación con la información.

Hábito 4: Pausas deliberadas durante el día

Tu cerebro no fue diseñado para concentración ininterrumpida durante 8-10 horas. Necesita pausas. No como "descansos" opcionales cuando tienes tiempo. Como parte estructural de tu día.

Cómo integrar pausas:

Cada 90 minutos de trabajo enfocado, toma 10-15 minutos de pausa real.

No revisar correo. No scroll en redes. Pausa significa: caminar, estirar, mirar por la ventana, tomar agua, respirar conscientemente.

Una pausa más larga a mitad del día. Puede ser almuerzo sin pantallas, caminata de 20 minutos, meditación breve. Lo que sea que desconecte tu mente de modo problema-solución.

Micro-pausas de 60 segundos cada hora. Simplemente cierras ojos, respiras tres veces conscientemente, notas sensaciones corporales. Esto previene acumulación de tensión y ruido mental.

Estas pausas no son "perder tiempo". Son inversión en capacidad sostenida de atención y regulación. Sin ellas, tu rendimiento y tu paz mental se deterioran.

Hábito 5: Escritura reflexiva semanal

La escritura es una herramienta poderosa para sacar pensamientos de tu cabeza y verlos con claridad. No necesitas escribir diariamente (aunque ayuda si lo haces). Pero semanalmente es transformador.

Cómo implementar escritura reflexiva:

Una vez por semana, toma 20-30 minutos para escribir sin censura sobre:

- ¿Qué me preocupó esta semana?
- ¿Qué bucles mentales noté?
- ¿Qué funcionó para interrumpirlos?
- ¿Qué aprendí sobre mí mismo?
- ¿Qué quiero ajustar la próxima semana?

No necesita ser profundo o poético. Solo honesto. El acto de escribir crea distancia entre tú y tus pensamientos. Lo que sentía abrumador en tu cabeza se vuelve manejable en papel.

Guarda lo que escribes. Después de algunos meses, reléelo. Verás patrones que no podías ver en el momento. Y verás progreso que no notabas día a día.

LÍMITES QUE PROTEGEN TU ATENCIÓN

Los hábitos crean estructura interna. Los límites protegen esa estructura de fuerzas externas que constantemente intentan fragmentar tu atención.

Límites digitales

Tu teléfono es probablemente el mayor disruptor de tu atención. No porque la tecnología sea inherentemente mala, sino porque está diseñada para capturar tu atención de formas que no sirven a tu bienestar.

Límites digitales efectivos:

Teléfono fuera del dormitorio. Usa despertador físico. Este solo cambio transforma la calidad de tu sueño y tus mañanas.

Notificaciones desactivadas para todo excepto llamadas y mensajes de personas cercanas. No necesitas saber instantáneamente cada like, comentario o actualización de app.

Modo avión o no molestar activado por defecto. Solo desactivas cuando específicamente quieres revisar algo. No estás constantemente "disponible" a interrupciones.

Apps de redes sociales eliminadas del teléfono. Solo accedes desde computadora en horarios específicos. Esta fricción adicional reduce uso compulsivo dramáticamente.

Límites laborales

Sin límites claros entre trabajo y vida personal, tu mente nunca descansa de modo productivo. Siempre hay "una cosa más" que considerar.

Límites laborales sostenibles:

Horario de fin de trabajo definido. Después de esa hora, computadora cerrada. Correos no revisados hasta el día siguiente. Excepciones solo para emergencias reales.

No llevar trabajo a espacios personales. Si trabajas desde casa, designa un espacio específico de trabajo. Cuando sales de ese espacio, mentalmente "sales del trabajo".

Comunicar tus límites a colegas. No como disculpa, como información. "No reviso correos después de las 7 PM. Si es urgente, llámame." Esto establece expectativas claras.

Un día completo a la semana sin trabajo si es posible. Sin "solo revisar rápido". Descanso real. Tu cerebro necesita recuperación completa, no medio descanso constante.

Límites relacionales

Algunas relaciones drenan más energía de la que aportan. Y cuando tu energía está drenada, tu capacidad de regular overthinking disminuye.

Límites relacionales saludables:

Identifica relaciones que consistentemente te dejan agotado mentalmente. No necesitas eliminarlas, pero puedes limitar frecuencia y duración.

Aprende a decir no sin culpa. "No puedo esta semana" es una oración completa. No necesitas justificar exhaustivamente cada negativa.

Protege tiempo a solas. No como algo que haces "si sobra tiempo", sino como necesidad legítima. Tiempo sin estimulación social, sin rol que cumplir, solo estar contigo mismo.

Busca relaciones que te regulen, no que te activen. Personas con quienes puedes estar sin performance, donde tu sistema nervioso se calma en lugar de acelerarse.

MAPA DE MANTENIMIENTO: TU CHECKLIST ANTI-OVERTHINKING

Usa este mapa semanalmente para verificar que tu vida está estructurada de forma que reduce, no alimenta, el overthinking.

Sueño y descanso:

- ¿Dormí 7-8 horas al menos 5 noches esta semana? Sí/No
- ¿Mantuve ritual de desconexión antes de dormir? Sí/No
- ¿Mi habitación está libre de pantallas y trabajo? Sí/No

Movimiento y cuerpo:

- ¿Me moví físicamente al menos 20 minutos diarios? Sí/No
- ¿Hice al menos una sesión de movimiento sin distracciones? Sí/No
- ¿Noté y liberé tensión corporal regularmente? Sí/No

Información y estímulos:

- ¿Limité noticias a una vez al día? Sí/No
- ¿Mantuve horarios definidos para redes sociales? Sí/No
- ¿Tuve al menos un día de menor consumo digital? Sí/No

Pausas y presencia:

- ¿Tomé pausas reales cada 90 minutos de trabajo? Sí/No
- ¿Hice micro-pausas de respiración varias veces al día? Sí/No
- ¿Tuve al menos una actividad de atención plena? Sí/No

Escritura y reflexión:

- ¿Escribí reflexivamente al menos una vez? Sí/No
- ¿Saqué pensamientos de mi cabeza al papel? Sí/No

Límites protectores:

- ¿Mantuve límites digitales (teléfono fuera de dormitorio, etc.)? Sí/No
- ¿Respeté límites laborales (horario de fin, no trabajo en espacios personales)? Sí/No
- ¿Dije no a algo que no servía mi bienestar? Sí/No

Conexión y apoyo:

- ¿Tuve al menos una interacción significativa con alguien cercano? Sí/No
- ¿Busqué apoyo si lo necesitaba? Sí/No
- ¿Protegí tiempo a solas? Sí/No

Si respondes "sí" a 70% o más, vas bien. Si menos, identifica qué áreas necesitan atención esta semana. No intentes perfeccionar todo simultáneamente. Elige 2-3 áreas para fortalecer.

RECAÍDAS: PARTE NORMAL DEL PROCESO

Aquí está lo que nadie te dice al principio: habrá retrocesos. Días o semanas donde el overthinking regresa con fuerza. Donde tus herramientas parecen no funcionar. Donde te sientes de vuelta donde empezaste.

Esto no es fracaso. Es parte normal de cualquier cambio de hábitos profundo.

Por qué pasan las recaídas

Estrés elevado: Bajo estrés extremo (crisis laboral, problemas familiares, eventos inesperados), tu cerebro regresa a patrones antiguos. Es supervivencia, no debilidad.

Fatiga acumulada: Si tu sueño, nutrición o descanso se deterioran por días o semanas, tu capacidad de autorregulación disminuye. El overthinking reaparece.

Cambios de vida: Transiciones (nuevo trabajo, mudanza, cambio de relación) desestabilizan rutinas. Sin rutinas estables, el overthinking tiene más espacio.

Expectativas irreales: Si esperabas nunca volver a rumiar, la primera recaída se siente como evidencia de que "no funciona" y abandonas todo.

Cómo manejar recaídas sin colapsar

Reconoce sin catastrofizar: "Estoy en una racha de overthinking intenso" no es igual a "soy un desastre y todo está perdido". Es temporal.

Identifica el disparador: ¿Qué cambió? ¿Dormiste mal varios días? ¿Estás en crisis en algún área? ¿Dejaste de hacer prácticas básicas? Entender la causa te da acción concreta.

Regresa a lo básico: No intentes aplicar técnicas avanzadas. Vuelve a fundamentos: dormir bien, moverte, escribir, respirar. Lo simple funciona cuando lo complejo falla.

No abandones todo: La recaída no significa que debes tirar todas tus herramientas. Significa que necesitas aplicarlas otra vez. Cada vez que regresas después de una recaída, fortaleces tu resiliencia.

Busca apoyo: Habla con alguien de confianza. No para que te solucionen, solo para que te escuchen y te recuerden que esto es temporal.

Date tiempo: Las recaídas no se resuelven en un día. Si te tomó una semana caer en el patrón, te tomará tiempo salir. Sé paciente contigo mismo.

DOS HISTORIAS DE DISEÑO DE VIDA

Para ver cómo esto funciona en práctica, aquí están dos personas que diseñaron vidas con menos ruido mental.

Caso 1: Marcos y su sistema de límites

Marcos, 38 años, gerente de proyecto, vivía en modo de alerta constante. Correos a las 11 PM. WhatsApp de trabajo los domingos. Mente acelerada cada noche sin poder desconectar.

Lo que cambió:

Estableció límite laboral estricto: 6 PM es fin de jornada. Computadora cerrada. Apps de trabajo en modo no molestar hasta las 9 AM siguiente.

Comunicó esto a su equipo: "No reviso mensajes después de las 6 PM. Emergencias reales, llámenme al celular personal." Tuvo resistencia inicial, pero se mantuvo firme.

Creó ritual de transición: después de cerrar computadora, caminaba 15 minutos sin teléfono. Esto marcaba física y mentalmente el fin del trabajo.

Quitó apps de trabajo de su teléfono personal. Si necesitaba revisar algo urgente en fin de semana, tenía que abrir laptop, lo cual creaba fricción suficiente para evitar revisiones compulsivas.

Resultado después de tres meses:

Marcos reportó 60% menos de overthinking nocturno sobre trabajo. Su equipo ajustó expectativas y aprendió a comunicarse durante horas laborales. Su relación con su pareja mejoró porque estaba genuinamente presente en las noches.

No eliminó completamente el estrés laboral. Pero creó contención. El trabajo tiene su espacio. Su vida personal tiene el suyo. Y su mente descansa porque sabe que hay límites.

Caso 2: Patricia y su rediseño de mañanas

Patricia, 45 años, madre de dos adolescentes, empezaba cada día en caos. Despertaba con pensamientos sobre mil cosas. Revisaba teléfono antes de levantarse. Para las 8 AM ya estaba mentalmente agotada.

Lo que cambió:

Movió su alarma 45 minutos más temprano. No para hacer más, sino para tener espacio antes de que su familia despertara.

Dejó su teléfono cargando en el baño, no junto a la cama. Para revisarlo, tenía que levantarse y caminar. Eso solo ya interrumpía el hábito de revisar en cama.

Creó rutina matutina no negociable: 5 minutos de estiramiento, 10 minutos escribiendo en diario (sin censura, solo vaciado mental), 15 minutos preparando y tomando café con atención plena.

Pidió a su familia que respetara esos 30 minutos. Al principio fue difícil. Pero eventualmente todos lo entendieron: mamá necesita este tiempo. Y la Patricia que emergía después de esos 30 minutos era más tranquila, más presente.

Resultado después de dos meses:

Patricia descubrió que el resto de su día fluía mejor cuando empezaba calmada. Su overthinking sobre dinámicas familiares disminuyó porque tenía espacio para procesarlo en su escritura matutina en lugar de rumiarlo todo el día.

Los días que no podía hacer su rutina completa (emergencias, viajes), notaba la diferencia. Pero eso solo reforzó cuán importante era para ella. Y buscaba formas de recuperarla lo antes posible.

PRACTICA: TRES EJERCICIOS PARA DISEÑAR TU VIDA

Estos ejercicios te ayudan a tomar todo lo aprendido y convertirlo en estructura práctica personalizada.

Ejercicio 1: Auditoría de entorno (45 minutos, una vez)

Objetivo: Identificar qué aspectos de tu vida actual alimentan o reducen overthinking.

Materiales: Papel, lápiz.

Cómo hacerlo:

Parte A: Mapeo actual (15 minutos)

Dibuja una tabla con estas categorías y califica cada una de 1 a 10 (1 = desastre, 10 = óptimo):

- Calidad de sueño
- Rutinas matutinas
- Límites digitales
- Movimiento físico
- Consumo de información
- Límites laborales
- Pausas durante el día

- Tiempo a solas
- Conexión social significativa
- Tiempo en naturaleza
- Escritura o reflexión

Parte B: Identificación de problemas (15 minutos)
Para cada categoría con calificación de 6 o menos, responde:

- ¿Cómo está este área contribuyendo a mi overthinking?
- ¿Qué específicamente está fallando?

Ejemplo: "Límites digitales: 3/10. Reviso teléfono constantemente, incluyendo en cama. Mi atención está fragmentada todo el día. Esto mantiene mi mente en modo alerta constante."

PRIORIZACIÓN (15 MINUTOS)

De todas las áreas problemáticas, elige las 3 más importantes para trabajar en los próximos dos meses. No todas. Tres.
Para cada una, escribe:

- ¿Por qué esta área es prioritaria?
- ¿Qué cambio específico puedo hacer?
- ¿Cuándo empiezo?

Por qué funciona:
No puedes cambiar todo simultáneamente. Esta auditoría te da claridad sobre dónde concentrar energía. Y al elegir solo tres áreas, aumentas probabilidad de éxito.

Ejercicio 2: Diseño de rutina anti-overthinking (30 minutos, una vez + ajustes)

Objetivo: Crear rutinas matutinas y nocturnas específicas que reduzcan ruido mental.
Materiales: Papel, lápiz.
Cómo hacerlo:
Rutina matutina (15 minutos de diseño):
Diseña una secuencia de 20-45 minutos que incluya al menos:

- Una actividad que active tu cuerpo (estirar, caminar)
- Una actividad que calme tu mente (respiración, meditación breve, escritura)

- Una actividad que te nutra (desayuno consciente, leer algo inspirador)

Sé super específico. No "hacer ejercicio". Sino "5 minutos de estiramiento siguiendo video X".

Escribe tu rutina paso a paso como si fuera un guion que alguien más pudiera seguir.

Decide qué tiempo despertarás para ejecutarla. Pon alarma todos los días a esa hora.

Rutina nocturna (15 minutos de diseño):
Diseña una secuencia de 30-60 minutos antes de dormir que incluya:

- Desconexión de pantallas (qué harás en lugar de scroll)
- Preparación del día siguiente (revisar agenda, preparar ropa)
- Actividad que relaje tu cuerpo (ducha, estiramiento)
- Actividad que calme tu mente (lectura, escritura, respiración)

Específica, paso a paso, como guion.

Compromiso de prueba:
Prueba ambas rutinas durante 14 días consecutivos sin modificar. Si después de 14 días algo no funciona, ajusta. Pero dale tiempo real antes de cambiar.

Por qué funciona:
Rutinas matutinas establecen tono del día. Rutinas nocturnas mejoran sueño. Ambas reducen decisiones innecesarias y crean estructura protectora. Pero solo si son específicas y practicadas consistentemente.

Ejercicio 3: Plan personal anti-overthinking de 90 días (45 minutos)

Objetivo: Consolidar todo en un plan de acción trimestral.

Materiales: Papel, lápiz.

Cómo hacerlo:

Sección 1: Mi visión (10 minutos)

Responde: "¿Cómo quiero que se sienta mi vida dentro de 90 días respecto al overthinking?"

No metas específicas. Sensaciones. Ejemplo: "Quiero sentirme más tranquilo por las noches. Quiero poder desconectar de trabajo. Quiero disfrutar más el presente con mi familia."

Sección 2: Mis tres pilares (10 minutos)

De la auditoría de entorno, cuáles son las tres áreas prioritarias que trabajarás estos 90 días.

Para cada una:

- Meta específica
- Acción concreta semanal
- Métrica simple de progreso

Ejemplo: Pilar: Límites digitales Meta: Teléfono fuera de dormitorio y sin redes sociales en teléfono Acción: Comprar despertador físico esta semana, eliminar apps de redes sociales Métrica: Número de noches que duermo sin teléfono en habitación

Sección 3: Mis rutinas no negociables (10 minutos)

Escribe tus rutinas matutina y nocturna del Ejercicio 2. Estas son no negociables. Incluso si todo lo demás falla, estas dos siguen.

Sección 4: Mi respuesta a recaídas (10 minutos)

Escribe qué harás cuando tengas una recaída inevitable:
"Cuando note que estoy en overthinking intenso otra vez:

1. Reconoceré que es temporal, no permanente
2. Identificaré qué disparó esto (sueño, estrés, cambio)
3. Regresaré a mis rutinas básicas matutina y nocturna
4. Usaré mi herramienta de interrupción favorita: [especifica cuál]
5. Si después de una semana no mejora, buscaré apoyo de [persona o profesional]"

Sección 5: Check-ins mensuales (5 minutos)

Agenda tres fechas específicas (30 días, 60 días, 90 días) donde revisarás este plan.

En cada check-in, responderás:

- ¿Qué funcionó?
- ¿Qué no funcionó?
- ¿Qué necesito ajustar?
- ¿Estoy más cerca de mi visión?

Por qué funciona:

Un plan de 90 días es suficientemente largo para ver cambio real pero suficientemente corto para mantenerte enfocado. Con check-ins mensuales, ajustas antes de perder momentum. Y al anticipar recaídas, no te descarrilas cuando ocurren.

VIVIR CON TU MENTE, NO CONTRA ELLA

Has llegado al final de este capítulo con algo valioso: un mapa para diseñar una vida que no alimente constantemente tu overthinking.

No es una vida perfecta. No es una mente silenciosa todo el tiempo. Es una vida estructurada intencionalmente para que tu mente tenga las condiciones donde puede operar con mayor tranquilidad.

Entiendes ahora que el entorno importa tanto como tus herramientas internas. Que puedes tener las mejores técnicas de interrupción, pero si vives en caos constante, las necesitarás constantemente. Y eso agota.

Tienes cinco hábitos clave: sueño protegido, movimiento diario, límites de información, pausas deliberadas y escritura reflexiva. No son opcionales cuando tienes tiempo. Son la infraestructura que sostiene tu bienestar mental.

Tienes claridad sobre límites: digitales para proteger tu atención, laborales para permitir descanso real, relacionales para preservar tu energía. Los límites no son egoísmo. Son autocuidado básico.

Tienes un mapa de mantenimiento para verificar semanalmente que tu vida está alineada con lo que reduces, no alimentas, el ruido mental.

Y crucialmente, entiendes que habrá recaídas. Pero una recaída no borra tu progreso. No significa que "no funciona". Significa que eres humano navegando cambio profundo. Y cada vez que regresas después de una recaída, tu resiliencia se fortalece.

Elena, de la apertura, no tiene vida perfecta. Sigue enfrentando estrés. Sigue teniendo días difíciles. Su mente sigue siendo capaz de overthinking. Pero ha creado condiciones donde eso no es su estado por defecto. Donde puede reconocer cuando empieza y redirigirse. Donde sus rutinas y límites la protegen la mayoría del tiempo.

Eso es lo que está disponible para ti. No perfección. Pero dirección. No silencio total. Pero menos ruido sostenido.

Y con eso, con una vida diseñada conscientemente, puedes hacer más que sobrevivir tu mente. Puedes vivir bien con ella.

En la conclusión del libro, integraremos todo el recorrido: desde reconocer el overthinking hasta interrumpirlo, reentrenarlo, regularlo desde el cuerpo, flexibilizar creencias, actuar según valores y finalmente diseñar una vida sostenible. Verás cómo cada pieza se conecta en un sistema coherente que puedes mantener durante años.

Pero por ahora, reconoce lo que has construido. No solo herramientas. Un estilo de vida. No solo comprensión. Estructura.

No necesitas perfección para vivir bien. Necesitas intención, constancia y compasión contigo mismo. Y eso lo puedes sostener.

Continúa. Construye. Vive.

CAPÍTULO 9
CONCLUSIÓN: TU MENTE PUEDE SER TU ALIADA

EL CAMINO QUE RECORRISTE

Llegaste a este libro buscando algo. Quizás alivio. Quizás respuestas. Quizás solo confirmación de que no estás solo en esta experiencia de tener una mente que no se detiene, que analiza, que anticipa, que repite conversaciones que ya pasaron y problemas que quizás nunca llegarán.

Y ahora, después de estos ocho capítulos, estás en un lugar diferente. No porque tu mente se haya vuelto silenciosa. No porque hayas "derrotado" al overthinking. Sino porque tienes algo que no tenías al principio: comprensión, herramientas y, lo más importante, una relación diferente con tu propia mente.

Recorriste un sistema completo. No una colección aleatoria de técnicas, sino un mapa coherente para entender y trabajar con el pensamiento excesivo. Y aunque cada capítulo abordó un aspecto diferente, todos se entrelazaban en una verdad central: no estás roto, no necesitas una mente perfecta, y puedes vivir extraordinariamente bien con la mente que tienes.

Ese es el regalo real de este recorrido. No la promesa de silencio mental permanente. La certeza de que puedes navegar tu mente con menos sufrimiento y más claridad.

LO QUE APRENDISTE: UN SISTEMA INTEGRADO

Dejame recordarte el mapa completo que construiste, no como repetición sino como integración. Porque cada pieza tiene sentido solo en relación con las demás.

Aprendiste a ver tu overthinking con claridad. No como un defecto de carácter sino como un patrón aprendido que tu cerebro desarrolló con buenas intenciones. Entendiste que pensar no es el problema. El problema es cuando el pensamiento se desconecta de la acción útil y se convierte en bucle circular que agota sin resolver.

Aprendiste a interrumpir el bucle cuando ya está activo. Técnicas de 2 a 5 minutos que puedes usar en el momento exacto cuando tu mente se acelera. No para resolver el contenido del pensamiento, sino para cortar el proceso de rumiación y regresar al presente. Esta fue tu primera forma de poder real: la capacidad de intervenir.

Aprendiste a reentrenar tu mente a largo plazo. No solo cortando bucles, sino debilitando los patrones que los generan. Viste que el overthinking es un hábito, y los hábitos se pueden cambiar con práctica sostenida. Entrenaste tu atención, practicaste desenganche, construiste tolerancia a la incertidumbre. Este fue el trabajo profundo.

Aprendiste que tu cuerpo también piensa. Que el overthinking no vive solo en tu cabeza sino en tu sistema nervioso activado, en tus emociones evitadas, en tu tensión corporal acumulada. Y que regular tu cuerpo es a menudo más efectivo que intentar razonar con pensamientos ansiosos. Esto cambió todo: no todo se resuelve pensando.

Aprendiste a ver las reglas invisibles. Las creencias sobre certeza, control, perfección y error que mantenían tu overthinking activo. Flexibilizaste esas reglas, no eliminándolas sino haciéndolas más realistas. Ya no necesitas certeza total para actuar. Ya no necesitas perfección para tener valor.

Aprendiste a decidir y actuar sin esperar claridad completa. Que la acción reduce el overthinking más que el análisis adicional. Que los valores, no el miedo, pueden guiar tus decisiones. Y que puedes moverte con duda e incertidumbre sin colapsar. Esta fue tu liberación de la parálisis.

Aprendiste a diseñar una vida que no alimenta constantemente el ruido. Rutinas que protegen tu atención. Límites que preservan tu energía. Hábitos que sostienen tu regulación. No perfección, sino estructura consciente que trabaja a tu favor.

Todo esto no son piezas separadas. Es un sistema. Cuando detectas overthinking, tienes herramientas de interrupción. Cuando practicas reentrenamiento, debilitas patrones futuros. Cuando regulas tu cuerpo, reduces el combustible del bucle. Cuando flexibilizas tus reglas, disminuyes la necesidad de certeza que alimenta la rumiación. Cuando actúas según valores, sales de la parálisis. Y cuando diseñas tu vida conscientemente, reduces la frecuencia de todo el ciclo.

Cada pieza fortalece a las demás. Y juntas, te dan no control absoluto sobre tu mente, sino capacidad real de navegar con ella.

UNA NUEVA RELACIÓN CON TU MENTE

La transformación más profunda que ocurrió durante este libro no fue en la cantidad de pensamientos que tienes. Fue en cómo te relacionas con ellos.

Al principio, probablemente veías tus pensamientos como verdades que debías creer o amenazas que debías resolver. Cada pensamiento ansioso era un problema urgente. Cada bucle mental era evidencia de que algo estaba mal contigo.

Pero ahora sabes algo diferente. Sabes que los pensamientos son eventos mentales. Pueden ser verdaderos o falsos. Útiles o inútiles. Pero no son, en sí mismos, la realidad. Son interpretaciones, predicciones, historias que tu mente crea. Y puedes observarlas sin estar obligado a creerlas o seguirlas.

Esta distancia, este espacio entre tú y tus pensamientos, es libertad.

No significa que ignores todos tus pensamientos. Algunos son sabios. Algunos te alertan de problemas reales. Algunos merecen atención y acción. Pero ahora puedes discernir. Puedes preguntarte: "¿Este pensamiento me ayuda a actuar útilmente o me está atrapando en bucle?" Y basándote en esa respuesta, puedes elegir qué hacer.

Antes, tu mente era como un tirano que daba órdenes y tú obedecías automáticamente. Ahora es más como un consejero bien intencionado pero a veces dramático. Escuchas sus preocupaciones. Consideras sus advertencias. Pero tú tomas las decisiones finales sobre dónde poner tu atención y cómo actuar.

Esta nueva relación no elimina pensamientos difíciles. Los hace manejables. Y esa manejabilidad es lo que transforma tu experiencia de vida.

EL OVERTHINKING COMO MENSAJERO

Aquí hay un cambio de perspectiva final que puede ser liberador: el overthinking no es tu enemigo. Es un mensajero torpe y a veces excesivo, pero un mensajero al fin.

Cuando tu mente entra en bucle, está intentando decirte algo. Usualmente una de estas cosas:

"Hay algo importante aquí que necesitas atender." A veces el overthinking señala un problema real que requiere acción. No resolución mental infinita, sino acción concreta. Si estás rumiando sobre una conversación difícil que necesitas tener, el mensaje no es "analiza más". Es "ten la conversación".

"Tu sistema nervioso está activado." A veces el overthinking es simplemente la manifestación mental de un cuerpo que está en alerta. No hay problema específico que resolver. Solo necesitas regular. Moverte, respirar, descansar. El pensamiento se calmará cuando tu cuerpo se calme.

"Estás evitando una emoción." A veces el overthinking es una cortina de humo para no sentir algo incómodo. Miedo, tristeza, vergüenza, duelo. El mensaje es: para de analizar y permite sentir. La emoción pasará si la dejas. El overthinking no.

"Estás intentando controlar lo incontrolable." A veces el overthinking es tu mente buscando certeza donde no existe. El mensaje es: suelta. Acepta la incertidumbre. Actúa con la información que tienes. Confía en que puedes manejar lo que venga.

"Necesitas descanso." A veces el overthinking simplemente indica que tu cerebro está agotado. No hay sabiduría profunda. Solo necesitas dormir, desconectar, pausar. El overthinking es señal de tanque vacío.

Cuando ves el overthinking como mensajero, no como enemigo, tu relación con él cambia. No intentas destruirlo. Intentas entender qué te está diciendo. Y luego respondes a la necesidad real en lugar de quedarte atrapado en el bucle.

Esto no significa que debas analizar cada episodio de overthinking. A veces simplemente cortas el bucle y sigues adelante. Pero cuando el patrón es persistente, vale la pena preguntarte: "¿Qué necesidad real está señalando esto que estoy evitando atender?"

Muchas veces, cuando atiendes la necesidad real, el overthinking se disuelve solo.

CÓMO USAR ESTE LIBRO EN EL FUTURO

Este libro no es para leer una vez y guardar. Es una herramienta de referencia para toda tu vida con overthinking. Porque el overthinking no desaparece permanentemente. Aparecerá en momentos de estrés, transición o incertidumbre. Y cuando lo haga, este libro te espera.

Cuando estés en crisis de overthinking agudo:

Vuelve al Capítulo 3. Elige una herramienta de interrupción. Aplícala completamente. No intentes hacer todo el sistema. Solo interrumpe el bucle ahora. Después de calmarte, pregúntate qué lo disparó y qué puedes aprender.

Cuando notes que los bucles están apareciendo con más frecuencia:

Vuelve al Capítulo 4 y al Capítulo 8. Revisa tus hábitos. ¿Estás durmiendo mal? ¿Dejaste de moverte? ¿Tus límites se debilitaron? ¿Tu rutina se desestabilizó? Usualmente, el aumento de overthinking señala que tu base de autocuidado se deterioró. Fortalécela.

Cuando sientas que tu mente está especialmente activada:

Vuelve al Capítulo 5. Trabaja con tu cuerpo. Regula tu sistema nervioso. El overthinking persistente a menudo es síntoma de activación crónica, no de problemas mentales sin resolver.

Cuando notes que ciertas creencias están atrapándote:

Vuelve al Capítulo 6. Identifica qué reglas internas están activas. "Necesito estar seguro." "No puedo equivocarme." Flexibilízalas con los ejercicios del capítulo. A veces una sola regla rígida está alimentando todo tu overthinking.

Cuando te sientas paralizado por decisiones:

Vuelve al Capítulo 7. Usa el mapa de decisión. Define tus valores. Actúa con información suficiente, no perfecta. Recuerda que la claridad viene después de la acción, no antes.

Cuando quieras profundizar tu práctica a largo plazo:

Relee el libro completo. Cada vez que lo leas, con más experiencia de vida, verás cosas que no viste antes. Las verdades profundas revelan capas diferentes en momentos diferentes.

Marca las páginas que más resuenen contigo. Escribe notas en los márgenes. Haz de este libro un compañero de viaje, no un texto sagrado que admiras desde lejos. Úsalo. Márcalo. Vive con él.

Y sobre todo, recuerda: no necesitas aplicar todo perfectamente todo el tiempo. En momentos difíciles, incluso una sola herramienta aplicada consistentemente puede ser suficiente. La perfección no es el objetivo. La dirección constante sí.

LO QUE NO NECESITAS

Antes de cerrar, quiero ser muy claro sobre lo que no necesitas para vivir bien.

No necesitas eliminar el overthinking completamente. Vivirás momentos donde tu mente se acelera. Eso está bien. No significa que fallaste. Significa que eres humano con un cerebro complejo. El objetivo no es nunca pensar demasiado. Es tener herramientas para cuando lo hagas.

No necesitas una mente silenciosa. El silencio mental absoluto no es el estándar de salud mental. Una mente activa, analítica, que hace preguntas, es valiosa. Solo necesita dirección y regulación, no silencio.

No necesitas certeza absoluta sobre tu futuro. La certeza total es ilusión. Vivirás con incertidumbre toda tu vida. Y está bien. Puedes tomar buenas decisiones, vivir con integridad y ser feliz sin saber exactamente cómo resultará todo.

No necesitas nunca cometer errores. Cometerás errores. Tomarás decisiones imperfectas. Dirás cosas de las que te arrepentirás. Y sobrevivirás todo eso. Los errores no te definen. Cómo respondes a ellos sí.

No necesitas la aprobación de todos. Algunas personas te aprobarán. Otras no. Y eso es parte natural de ser humano. No puedes vivir para la aprobación universal. Puedes vivir para tu integridad y valores, y estar en paz con que no todos lo entiendan.

No necesitas tener todo resuelto antes de vivir. La vida no espera a que resuelvas todos tus problemas internos. Puedes vivir plenamente, amar profundamente, contribuir significativamente mientras todavía estás trabajando en ti mismo. El crecimiento y la vida no son secuenciales. Son simultáneos.

Lo que sí necesitas: compasión contigo mismo, herramientas que funcionan, voluntad de practicar y la comprensión de que eres suficiente exactamente como eres, incluso con overthinking, incluso con dudas, incluso con imperfección.

TU AUTONOMÍA Y TU PODER

Al final de este libro, quiero que te lleves una verdad que subyace a todo lo demás: tú tienes poder sobre tu experiencia interna.

No poder absoluto. No control total. Pero sí influencia real y significativa sobre cómo experimentas tu mente y tu vida.

Tienes el poder de notar cuando estás en bucle y elegir interrumpirlo. Tienes el poder de entrenar tu atención con práctica sostenida. Tienes el poder de regular tu cuerpo para calmar tu mente. Tienes el poder de cuestionar tus creencias rígidas. Tienes el poder de actuar según tus valores aunque sientas miedo. Tienes el poder de diseñar tu vida de forma que no alimentes constantemente tu overthinking.

Ese poder no viene de este libro. Viene de ti. El libro solo te recordó que lo tienes y te dio estructura para ejercerlo.

Y con ese poder viene responsabilidad, pero no del tipo opresivo. Responsabilidad en el sentido original de la palabra: habilidad de responder. Tú puedes responder a tu mente, a tus emociones, a tu vida, de formas que sirvan tu bienestar.

No estás a merced de tu overthinking. No eres víctima de tu mente. Eres el navegante de tu experiencia interna. Y aunque no controles las olas, puedes aprender a navegar con destreza creciente.

Esta autonomía es lo más valioso que te llevas. Porque significa que sin importar qué desafíos enfrentes en el futuro, tienes capacidad de trabajar con ellos. Tienes herramientas. Tienes comprensión. Tienes práctica. Y tienes confianza en que puedes aprender lo que aún no sabes.

Eso es libertad real.

PERMISO PARA VIVIR CON IMPERFECCIÓN

Finalmente, antes de despedirme, quiero darte un permiso explícito que quizás nadie te ha dado antes:

Tienes permiso para vivir una vida imperfecta y llamarla exitosa.

Tienes permiso para tener días difíciles donde el overthinking gana y no sentirte fracasado.

Tienes permiso para usar solo algunas herramientas de este libro y dejar otras, eligiendo lo que funciona para ti.

Tienes permiso para cometer errores, para aprender lentamente, para retroceder antes de avanzar.

Tienes permiso para no estar siempre en paz, no estar siempre regulado, no estar siempre presente.

Tienes permiso para ser humano completo: a veces fuerte, a veces vulnerable, a veces claro, a veces confundido.

Tienes permiso para pedir ayuda cuando la necesites, para apoyarte en otros, para no tener que hacerlo todo solo.

Y tienes permiso para ser amable contigo mismo en cada paso de este viaje, especialmente en los momentos donde sientes que no estás haciendo suficiente o siendo suficiente.

Porque la verdad es esta: ya eres suficiente. Con overthinking. Con dudas.

Con imperfección. Ya eres digno de paz, de alegría, de conexión, de una vida plena.

El trabajo que hiciste en este libro no fue para volverte suficiente. Fue para recordarte que siempre lo fuiste.

EL VIAJE CONTINÚA

Cierras este libro, pero el viaje no termina. Cada día es una oportunidad para practicar lo que aprendiste. Para notar cuando tu mente se acelera y elegir cómo responder. Para vivir con mayor intención y menor ruido.

Habrá días donde te sentirás como maestro de tu mente. Días donde aplicarás herramientas con facilidad y notarás tu progreso con claridad. Celebra esos días. Son evidencia de tu capacidad.

Habrá otros días donde te sentirás de vuelta al inicio. Donde el overthinking te abrumará y las herramientas parecerán no funcionar. No desesperes en esos días. No significan que perdiste lo ganado. Significan que estás en momento difícil y necesitas más paciencia y compasión contigo mismo.

Ambos tipos de días son parte del proceso. Ambos te enseñan. Ambos son valiosos.

Y con el tiempo, con práctica acumulada, notarás algo: los días buenos se vuelven más frecuentes. Los días difíciles se vuelven menos intensos y más breves. Tu capacidad de regularte aumenta. Tu confianza en ti mismo se fortalece.

No porque seas diferente persona. Porque has entrenado una relación diferente con tu propia mente.

Esa relación, construida día a día, práctica a práctica, es tu mayor logro. Porque es lo que te sostiene en toda situación, en todo desafío, en todo momento de tu vida.

GRACIAS POR EL PRIVILEGIO

Antes de terminar, quiero agradecerte. Por leer este libro. Por invertir tiempo y energía en tu propio bienestar. Por tener el coraje de mirar honestamente tus patrones mentales y la voluntad de trabajar con ellos.

No fue fácil. Algunos capítulos probablemente fueron incómodos. Algunos ejercicios te desafiaron. Algunas verdades fueron difíciles de aceptar. Y aun así, continuaste.

Eso habla de tu fortaleza. De tu compromiso contigo mismo. De tu capacidad de crecimiento.

Escribir este libro fue un acto de servicio, pero también de fe. Fe en que las personas pueden cambiar su relación con su mente. Fe en que el overthinking no tiene que ser prisión permanente. Fe en que con comprensión y herramientas adecuadas, la transformación es posible.

Tú, al leer hasta aquí, al aplicar lo aprendido, validas esa fe. Y por eso, gracias.

Ahora, el libro es tuyo. Las herramientas son tuyas. El conocimiento es tuyo. Y lo más importante, tu vida es tuya para vivirla con la mayor claridad, paz y propósito posibles.

UN ÚLTIMO PENSAMIENTO

La vida es preciosa. Demasiado preciosa para pasarla completamente atrapado en tu cabeza, analizando el pasado que no puedes cambiar y anticipando futuros que quizás nunca llegarán.

Hay un mundo real aquí, ahora. Personas para amar. Experiencias para vivir. Contribuciones para hacer. Belleza para apreciar. Presente para habitar.

Tu mente puede ayudarte a navegar todo eso. Pero solo cuando la usas como herramienta, no cuando le permites usarte a ti.

Ahora sabes la diferencia. Ahora tienes las herramientas. Ahora puedes elegir.

Elige vivir. Elige estar presente. Elige actuar según tus valores. Elige tratarte con compasión. Elige aprender de tus errores sin definirte por ellos. Elige confiar en tu capacidad de manejar lo que venga.

Tu mente puede ser tu aliada en todo esto. No tu tirana. Tu aliada.

Y con esa alianza, con esa nueva relación, puedes construir una vida que no solo toleras sino que disfrutas. Una vida donde el overthinking ocasional no roba tu paz fundamental. Una vida donde puedes estar presente para lo que realmente importa.

Esa vida te está esperando.

Ve. Vívela.

www.ingramcontent.com/pod-product-compliance
Lightning Source LLC
Chambersburg PA
CBHW020248010526
44107CB00002B/159